JN006192

岡本耕平 監修
Kohei Okamoto

阿部康久・土屋 純・山元貴継 編
Yasuhisa Abe, Jun Tsuchiya, & Takatsugu Yamamoto

Geographical Research Methods
Used in Academic Papers

論文から学ぶ
地域調査

地域について卒論・レポートを
書く人のためのガイドブック

ナカニシヤ出版

まえがき

　本書は，主に地理学や関連する分野において地域調査を行うことで報告書や卒業論文を執筆しようとしている学生を対象として，地理学的な研究テーマとしてどのようなものがあり，それをどのようにして設定したのかという点や，実際に論文を執筆する際に必要な作業や手続き等を説明した参考書である。具体的には，人文地理学，自然地理学，地理教育，GIS など地理学の幅広い分野を専門とする 23 人の研究者が執筆者となり，自身が執筆した論文・著書・報告書等の原稿を持ち寄り，その内容に基づいて上記の点を解説している。

　コンセプトとしては，同じナカニシヤ出版から出された梶田真ほか編『地域調査ことはじめ』を参考にさせてもらったが，同書との違いとして意識した点は，読者層として，地理学を専攻することで，どのようなテーマで卒論等を執筆すればよいかを模索している学部 2 年生から，実際に卒論を執筆する 4 年生程度を想定し，このような学生に対して参考になるような内容を目指した点である。そのため，1 章あたりの分量は，原則として 7,000 字程度に収めるように内容を厳選して執筆することとした。結果として分量が多くなった一部の執筆者には，内容を複数の章や別枠のコラムに分けて執筆してもらうことにした。具体的には，元になった論文を出典として示し，詳しい内容や参考文献は極力，元になった論文を参照してもらうようにし，テーマ設定や調査方法，論文執筆の際に工夫した点等に絞って執筆している。

　加えて本書では，卒業論文のレベルをできるだけ超えない範囲で，海外での調査や，社会的な意義の強い応用的調査・社会実践などの例も含めるようにした。実際には，卒業論文レベルの論文としては難しいものもあるだろうが，海外の地域やより実践的な課題に関心をもつ読者に対して，参考になればと考えた。

　本書の執筆者らには，地理学専攻（教員養成も含む）の講座等に教員として所属しているものもいれば，人文・社会科学を広く勉強する学部または学際的・国際的な分野を学ぶ学部等に所属しているものもいる。とくに後者の場合は，地理学を体系的に教育しているわけではないので，指導する学生に地理学的な卒業論文を書いてもらうことが難しいと感じることもある。

　このようなさまざまな分野を専攻している学生に対して，地理学の各分野への理解と研究テーマの設定，論文リテラシーの向上，研究手法の体得，調査結果のまと

め方などが学習できる内容を目指した。とくに調査方法や調査内容のまとめ方，論文の書き方を中心に，それ以外の内容もバランスよく盛り込んでいくことを心がけた。調査の際の安全確保（第17章池口担当章）や調査データの適切な扱いなどの研究者倫理やデータ・資料の適切な管理に関する説明（第4章石川担当章，第5章服部担当章，第11章阿部康久担当章，第15章杉江担当章等）も加えている。

　また編集作業をしていくなかで，このような安全管理やデータ・資料の管理に加えて，個人情報やプライバシーの保護に関する意識が高くなっている現在では，調査への制約が生じる場合もありえるのではないかと考えることもあった。近年，地理学分野の学会誌では，査読付論文の論文掲載数が減少傾向にあるようだが，以上のような調査上の制約や実施手続きの厳格化もその理由の一つになっているのかもしれない。今後，筆者らが教員として学生の論文を指導する際にも，また筆者自身が調査・研究をしていく際にも，検討せざるをえない点だと感じた。今後の課題としたい。

　なお本書の作成に際しては，執筆者のいずれとも研究・教育の面で関係の深い岡本耕平・愛知大学教授／名古屋大学名誉教授に全体の監修をお願いした。

編者一同

■引用文献

梶田　真・仁平尊明・加藤政洋編 2007.『地域調査ことはじめ——あるく・みる・かく』ナカニシヤ出版.

本書の元になった論文は，書籍に収録された第24章掲載論文以外は，すべてオンライン上にて掲載されている。そのうち，多くの論文はCiNiiもしくはJ-STAGEにて検索・閲覧可能である。ただし，第5章と27章は歴史地理学会ウェブサイト（http://hist-geo.jp/publication.html）にて，第17章は国土地理協会ウェブサイト（https://www.kokudo.or.jp/grant/pdf/h29/ikeguchi.pdf）にて掲載されている（2021年11月時点）。

目 次

第1部
【国内調査】

1　身近な地域の成り立ちを考える

発達史地形学へのアプローチ

【元になった論文】
廣内大助 2003．福井平野東縁地域の活構造と地形発達．地理学評論 76（3）：119-141．

廣内大助（信州大学）

1　はじめに：地形学の魅力とは

　地理学は地球表面のさまざまな事象を扱う学問であり，地球表面の形を研究対象とする地形学は，まさに地理学の主役の一つといっても過言ではない。地形の形成条件は気候や水文などさまざまな要因によって変化するもので，たとえば日本のような中緯度の湿潤地域と，乾燥地域や極地域を同様に扱うことはできない。また地殻変動や過去の気候変化，海面変動も考慮しなければならない。これらさまざまな作用によって形成される地形を研究する地形学には，地形の形成メカニズムに着目して観測研究を行う「プロセス地形学」と，長い時間のなかでどのように地形が変化し形成されてきたのかを紐解いていく「発達史地形学」がある。いずれも興味深いが，ここではとくに発達史地形学の研究方法について，筆者の研究に沿う形で述べていく。

　ところで発達史地形学の魅力はどこにあるのだろうか。発達史地形学の研究は，地球形成史の1ページを紐解いていくものである。いま私たちが暮らすこの平野がどのようにつくられてきたのかといったテーマを，自らの手で明らかにすることができる。たとえば氷河期（最終氷期）や暖かかった最終間氷期にこの場所がどんな様子であったのか？　どんな力が作用し，過去から現在の姿に変化してきたのかを知ることができることであると思う。これは地史とよばれる，土地の歴史を明らかにすることである。

2 地形学と地質学

　地史というと，地層から過去の様子や変化を知る地質学を思い浮かべる。地形学と地質学は同じ地史を研究するともに深く関わりあう学問であるが，その違いはどこにあるのだろうか。土地をつくる作用は現在でも毎日起こっている。地層がたまったり削られたりすると，当然その度に表面がつくられる。この表面が地形である。短い時間，たとえば砂浜海岸のように波の作用で頻繁に変わる地形もあるが，長い時間のなかで海面変動や地殻変動に対応して形成される地形も存在する。地球が暖かく海面が高い時代に海底でたまった地層（海成層）の表面が海底の堆積面である。その後，寒冷化や地殻変動で相対的に海面が低下すると，海底は地表に現れて（離水），そこが平坦な地表面となる。これが海成（海岸）段丘とよばれる地形である。すなわち大雑把であるが，海底にたまった地層の堆積面が離水し陸上に現れたもの＝「地表面」をその形状から研究するのが地形学，離水した海成層の特徴＝「層相」から研究するのが地質学といえる。ほぼ同じものを見ているなら分ける必要はないようにも思うが，地層が堆積した環境によって層相が異なるのと同様に，地形も堆積（侵食）した環境に応じてその形状が異なる。さらに，地層は露頭（層相が観察できる場所）の点情報の解析とこれをつなげる地質断面から地史を考えるが，地形は地表に連続して広がるため，その分布や形状から，成り立ちを理解する。極端な話をすれば，中身（地層）の情報が少なくても，地表面の形状と分布から地形の成り立ちや成因を理解することもできる。

　ただし，地形は形成（離水）するとすぐさま風雨などによる解体がはじまるため，長時間（日本ではおよそ数十万年）経過すると形状がわからなくなり，分布も失われていくことから，地形から成因を判断することが難しくなる。地形学の限界はここにある。一方で地表面の形状が失われても地層は相当長期間にわたって観察でき，層相から地史を考えることが可能である。このように地形学は地表面形状や分布から多くの情報を得ることができるが，侵食によって失われるまでの時間が短い。一方，地質学は点から情報を得るため空間的な広がりを理解するには手間がかかるが，より古い時代の地史もターゲットとすることができるという特徴がある。実際，両者は切り離して考えるのではなく，地形学でも地形面を構成する地層を観察することで，成因や地史を考える情報を補強していくから，地形が判別できる時代については，緻密な地史を編むことができる。また，まさにこの分布（空間性）のメリットを最大限に生かした研究であることから，地形学が地理学の一分野とし

て存在するとみることもできる。

3 日本の平野の多くは海面変動と地殻変動の影響を受ける

　前置きが長くなったが，地形発達史の具体的な研究について考えていく。地形発達史は多くは数十万年をターゲットとするため，およそ10万年スケールで変化する気候変動や海面変動の影響を考えること，また日本列島はその形からもわかるように激しい地殻変動を受けており，これらを考慮して発達史を考えていく必要がある。日本列島沿岸部の平野のほぼすべてがこれらの影響を受けており，ここで紹介する北陸地方南部の福井平野も同様である。

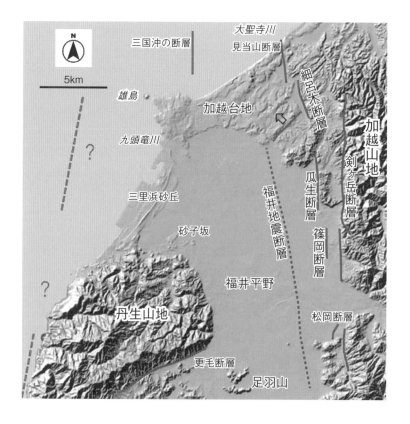

図1-1　福井平野周辺の地形

　福井平野は，九頭竜川や足羽川がつくった低平な平野であり，河口から20km
余りの福井市中心部でも標高8m程度しかない。1948年には直下型の福井地震
（M7.1）が発生し，3,700名以上の方が亡くなるなど，平野の形成には地殻変動とも
密接な関わりがあることがうかがえる。

　平野の地形を概観すると，平野北部には海成段丘と北潟砂丘からなる加越台地が
分布し，北西側は三里浜砂丘が海岸に沿って分布している。南は足羽山など孤立丘
陵をはさんで鯖江盆地と接し，平野東側は加越丘陵をはさんで加越山地，越前中央
山地と接する。九頭竜川の河口部を除けば，その周囲を台地や山地，砂丘に囲まれ
閉塞する特異な形をしている（図1-1）。平野の東縁には福井平野東縁断層帯が平野
と丘陵・山地の境界に分布する一方，平野東部には福井地震の震源断層とされる福
井地震断層が伏在している。これら活断層が平野の形成に関わることは明らかであ
るが，詳しい地形発達史がわかっていない平野の一つだった。

4　まずは地形を調べてみる

　地形発達史を研究するためには，まず平野にどんな地形があるのか知ることが必
要である。既存研究の読み込み，地形図や地質図の読図，国土地理院などが撮影し
た空中写真判読によって，さまざまな地形を判読・区分し，高度や連続性などもた
よりに同じ要素の地形を対比し，地形分類図を作成していく。詳しい調査方法は大
矢ほか（2002）などにある。

　地形図をみると福井平野のほとんどは沖積低地で，河川沿いには自然堤防が分布
している。九頭竜川は全長100kmを超え福井県最大の流域面積を誇る河川だが，
規模のわりに福井平野での自然堤防の発達はよくない。これは，上流の大野や勝山
などの盆地で土砂を落としてくることと関係する。平野北部の加越台地にはM1～
M3に区分できる3段の海成段丘が分布し，平野東縁山麓には河成段丘や扇状地が
へばりつくように分布している。加越台地は海成段丘からなるが，場所によって地
表は凸凹と高低差があり，地形面の連続性は不明瞭である。平野東縁には段丘や扇
状地が活断層に切断されたり，撓んだり（撓曲），東の山側へ逆傾斜するなど，逆断
層にみられる典型的な変動地形をみつけることができる。また，加越山地と丘陵・
平野を境するもっとも東側の（剣ケ岳）断層に沿っては，系統的な谷の左屈曲がい
くつもみられ，活断層の位置やその変位方向を詳細に知ることができる。

5 フィールドワークで何を明らかにできるのか

これらの地形，とくに段丘を構成する地層がどのような堆積環境を示すのか，いつの時代に形成（離水）され，それが調査地域内のどこのどんな高さに分布し，他地域の段丘のどれにあたるのかという対比・編年，活断層を示す変動地形の有無やその分布，ずれ量（変位量）などを詳しく調べるために，現地調査に向かう。

調査では地形とともに，露頭を探して地層を観察する。段丘を構成する地層がたまった環境は海か川か内湾か，堆積物を供給した後背地はどこかなどを，粘土・シルト，砂，礫などの構成層の種類，ラミナ，インブリケーション，礫種などの情報から蓄積していく。これらの情報からたとえば，現在は福井平野を西流した後に北流する九頭竜川が，かつては平野東縁に沿って北流していたことがわかった。また，地表が凸凹な加越台地東部の海成段丘は，実はその高度が北東へ傾き下がるが，古砂丘を含む北潟砂丘がこれを覆う（砂丘の最大層厚は約60m！）ため，地表面のでこぼこが顕著であり段丘面の傾動がわかりにくいことなどもわかった。このように，地層の観察から地形判読だけではわからないことも明らかとなり，地形発達史を編むための重要な情報が加わっていく。

次に段丘がいつできたのかという離水年代と編年のデータも収集する。完新世段丘など若い地形では，堆積物中に含まれる木材や炭化物などのサンプルを持ち帰り，炭素同位体（^{14}C）の放射改変年代を測定することで，地層の堆積年代を知ることができる。測定は業者に外注することが一般的だが，名古屋大学には年代測定の専門研究組織があり，ここで測定することが可能である。以前はサンプルの処理や，加速器の運転自体も測定者自身で行なっており極めて大変だったが，年代測定の一連のプロセスがわかる貴重な体験でもあった。

放射性炭素年代測定法の測定限界より古い地形については，地層中にみつかる火山灰を分析同定することで，段丘の堆積や離水年代を知ることができる。日本付近は偏西風が吹くため，山陰地域で火山噴火があると，北陸地域に多くの火山灰が供給されることがわかっている。段丘が離水すると風で飛ばされてきた火山灰が構成層の上に堆積し年月が経つと，褐色のローム層（火山灰層）を形成する。ローム層は火山灰以外の風成塵も含め堆積するが，時折どこかで巨大噴火が発生すると，大量の火山灰が放出され給源火山の遠隔地にも降灰し，短時間で層をなす（示標テフラ）ため，条件がよければこれをローム層中にみつけることができる。日本でみつかる後期更新世における大規模噴火の火山灰の特徴と給源，噴出・堆積年代は，か

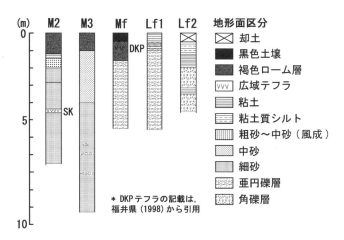

図 1-2　テフラを用いた福井平野に分布する段丘の離水年代の推定

なり情報が蓄積され，カタログ化されている（町田・新井 1992）。段丘の構成層中や上位のローム層中にこれを探し当てることで，構成層との層序関係から，段丘の離水年代を明らかにすることが可能となる。これら地形や地層の年代などを，火山灰をたよりに編年することを，火山灰編年学（テフロクロノロジー）と称す。福井平野では加越台地東部の海成段丘構成層中にみつかった SK（三瓶木次）テフラや，東縁河成段丘構成層上位のローム層中からみつかった DKP（大山倉吉）テフラを用いて，離水時期を推定している（図 1-2）。また，広範に分布する海成段丘や河成段丘は，気候変動やこれに起因するユースタティックな海面変動にともなって形成されるものがほとんどであり，示標テフラからおよその離水年代がわかれば，段丘面を海洋酸素同位体ステージ（Marine Isotope Stage）のどこかに対比することによって，離水時期を推定することが可能となる。

　現地調査ではさらに変動地形や断層露頭などを観察する。変動地形は変位量の計測に加えて，傾動方向や断層崖の位置，より微細な変形の有無など，空中写真判読の情報を補強していく。また，断層による地層の変位を直接観察できる断層露頭に巡りあうこともある。これは工事など人工的な露頭がないと滅多にみつけることができない。福井平野東縁断層帯では，大学院生当時，最北部の日本海に面した海食崖で偶然に断層露頭を発見し，それまでの疲れがすべて吹き飛んでずいぶんテンションが上がったことを記憶している。この断層露頭を地質学が専門の富山大学の安江健一さんと詳しく調べ，さらに周囲の地形や地質の分布情報とあわせて，後に

新たな断層を報告した（廣内・安江 2001）。また変動地形の詳細な調査によって，福井平野東縁断層帯は，左横ずれ変位をともなう東側隆起，東傾斜の逆断層であり，南北方向に約 33km 連続することなどを明らかにしていった。

6 地殻変動と地形発達の関わりを考察する

　研究地域に分布する地形を区分しその成因や形成年代，活構造の分布や変位様式などを明らかにしてきたが，これらの情報に基づいて，地形がどのような時間スケールでどう変化したのか，また活断層が地形形成にどう関わるのか，地形発達史研究の総括として考察していく必要がある。

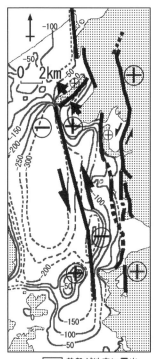

■■■ 基盤が地表に露出
—— 基盤等高線（単位は m）
⊕隆起を示す地域 ⊖沈降を示す地域
◀M2面の傾動とその方向 ■活断層
図 1-3　福井平野の隆起と沈降

　筆者が取り組んだ福井平野の大部分を占める沖積低地の地下では，周囲の山地に露出する新第三紀層（基盤）が，平野下の最深部では標高-300m 以深に位置し，上位に厚い更新世から完新世のより新しい地層が厚く分布するため，少なくとも平野の一部は沈降傾向にあることがわかる（図 1-3）。また，孤立丘など基盤が地表に露出するところが断層の東西にみられる一方，隆起側とされる断層東側でも標高-195m で着岩しない（基盤に達しない）深い部分もあるなど，福井地震断層の動きを東側隆起逆断層のみで解釈しては，地形形成を説明できない課題があった。同様に，東側隆起の逆断層の動きのみでは，平野北部に東西に分布する加越台地の形成や，台地の西部と東部で M2 面高度が高いことも説明できないなどの課題もあった。データが蓄積される一方でこの課題がなかなか解決できなかったのだが，ニュージーランドの横ずれ断層に沿って，横ずれ変位にともなう局所的な垂直変位が累積し断層に沿って凹凸の地形が形成されることを述べた論文からヒントを得て，福井地震断層の左横ずれ変位によって，福井地

層断層に沿って見られる基盤の高度分布（隆起沈降パターン）やM2面の傾動と高度分布を説明できるのではないかと気がついた（今考えれば単なる勉強不足だったが）。横ずれ断層の末端部や断層の走向が変化するところでは，局所的な物質過剰や不足が生じて，上下変位が大きくなることがある。この考えに基づいて，福井地震断層と平野周辺の基盤高度分布，加越台地東部の海成段丘面高度分布や段丘面の傾動方向など，周辺地形と断層との関係を考えると，多くの疑問を説明することができた（図1-3）。また後日，福井地震時における福井地震断層の地殻変動モデルを計算した研究論文が発表され（鷺谷 1999），上記の考えがモデル計算でもそうおかしくないことを確認することができた。

　さらに，福井平野下の基盤高度分布は，九頭竜川の出口付近で-100mから-150m程度と，平野中心よりも浅くなる。このことは加越台地西部の海成段丘高度が高いことと合わせて考えると，日本海沿岸沖合に北東−南西方向の活構造が存在し，平野出口側を塞ぐ隆起が継続してきたことを示唆している（図1-1）。この沖合の断層運動によって福井平野は出口を塞がれることで，つねに堆積物がダムアップし広大な沖積平野が形成されたと考えることができる。これで福井平野周辺の活構造と地形発達に関わる多くの疑問を解くことができた。

7 おわりに

　地形発達史の研究では，インテンシヴな調査で積まれた地形・地質学的データが基本となり，これが揺るぎない成果を支えることになる。さらに現在の地形が形成されるプロセスについて，海面変動や地殻変動といった地形発達史を考える時間スケールでの地形変化の要因と，現在の地形データが矛盾なくつながることが必要である。また活構造については，調査で得られた断層の変位方向や変位量が，震源断層のモデル計算から推定される地殻変動と一致するのかについての検証や，反射法地震探査など地球物理学的データを用いた推定地下構造との整合性など，地球物理学的内容への理解も必要となる。これらを総合的に使い検証しながら，身近な地域の土地の歴史を紐解いていくことが何より楽しく，この地形発達史の大きな魅力の一つである。この楽しくも複雑な世界へぜひ足を踏み入れていただきたいと思う。

第1部

第2部

第3部

■引用文献

大矢雅彦・丸山裕一・海津正倫・春山成子・平井幸弘・熊木洋太・長澤良太・杉浦正美・
　久保純子・岩橋純子 2002.『地形分類図の読み方・作り方』古今書院.

鷺谷　威 1999. 1948 年福井地震（M7.1）に伴う地殻変動と震源断層モデル.　地震第二輯
　52(1)：111–120.

廣内大助・安江健一 2001.　福井平野東縁最北部における見当山断層の発見とその意義.　第
　四紀研究 40(1)：67–74.

町田　洋・新井房夫 1992.『火山灰アトラス——日本列島とその周辺』東京大学出版会.

2 地理学の視点で動植物を調べる

【元になった論文】
富田啓介 2012. 湧水湿地をめぐる人と自然の関係史——愛知県矢並湿地の事例. 地理学評論 85：85–105.

富田啓介（愛知学院大学）

1 地理学から生物を扱う際の切り口

　地理学が対象とする地球表面には，人以外にもさまざまな生物が生息している。地理学の見地からこうした生物（ここでは，おもに野生生物を取り上げる）を研究する場合，どのような観点があるのであろうか。

　第一に，空間的な広がり（分布）や所在の変化（移動）に注目することである。生物種は，地球上のどこにでも同じように分布しているのではない。たとえば，日本建築に欠かせないスギは日本の固有種である。また，西日本の山を歩くと，アカマツは谷筋よりも尾根に多く生育していることがわかる。アライグマは北米原産の食肉目であるが，近年日本において広く繁殖している（外来生物）。冬季，日本に飛来するガン・カモ類は，春になるとシベリア等の北方へ移動する。このような生物の分布ないし移動に関心をもち，記録することが，地理学から生物を扱う研究の第一歩といえるだろう。

　第二に，取り巻く環境との関わりに注目することである。生物の分布を決めたり，移動をもたらしたりする要因を考えると，他種との競合といった種間関係もあるが，海洋・山脈といった物理的障壁や，気候・地形・地質といった自然環境が強く関与しているといえる。このように，分布や移動を規定する，あるいは変化させる要因を，環境との関わりから検討することが，研究の次なるステップとなる。このことは，「生物の生息する場所（生息地・ハビタット）の特徴を理解する」と言い換えてもいいであろう。

　第三に，人との関わりに着目することである。人は，太古より食料や建材などとして生物を利用してきた。こうした人と生物の文化的な関わりは，地域ごとの特

徴に着目しつつ文化地理学や民俗地理学で扱われている。人の活動はまた，生物を取り巻く環境の一つとしてみることもできる。たとえば，日本でのアライグマの繁殖は，人がペットとして持ち込んだことに端を発するものであるし，ある地域でガン・カモ類の飛来が減ったのなら，その地域の池沼の開発が影響しているかもしれない。文明をもって以降，人は生物の生息地の環境を改変し，分布や移動に大きく関与してきた。とくに現代では，さまざまなスケールで人の活動が顕著化しているので，生物の分布や移動を論じる際に無視することはできない。

まとめると，地理学における生物を扱った研究の基本骨格は，「その生物がどこにいるのか」を出発点として，「なぜ，その生物がそこにいるのか（あるいは，いないのか）」を，人の活動を含めた周囲の環境との関わりから明らかにすることだといえるだろう。

ところで，こうした研究の背後には，どのような問題意識があるのだろうか。一般には，ある生物や生物群集の生態や分布法則を明らかにするというような，基礎科学的な興味が前面にあると考えられる。しかし，近年では，自然環境保全（なぜそこで生物が減ったのか，再生するにはどのような環境整備が必要なのか，など）や，自然の持続可能な社会利用（その場所では人の活動の影響がどの程度許容されるか，など）といった，社会の要請に応える問題解決型の研究も増えているように思われる。

2　仮説を立て調査地を探す

ここでは，愛知県豊田市にある矢並湿地を対象地とした研究を事例に，具体的な研究の進め方を紹介することにしよう。なお，この研究ではボーリングに基づく堆積物の調査も行なっているが，この部分は省き，生物（植生）に関わる部分をクローズアップする。

矢並湿地は，貧栄養な湧水によって形成され，鉱質土壌の卓越する湧水湿地というタイプの湿地である。そこには，小面積ながら湿性草原が広がり，そこに絶滅危惧種や東海地方の固有種をはじめとして，保全上重要な植物種が多くみられる。私は，このようなタイプの湿地に関心をもち，さまざまな場所を観察した。そのなかで，人の関与によって成立した二次林のなかに存在する例や，乾燥化にともなう湿地内の植生変化が保全上の問題となっている例が多いことに気がついた。そして，これらの事柄は，リンクしているのではないかと考えるようになった。つまり，人

の利用の衰退が促した二次林の植生遷移が，湿地の水文環境，ひいては植生の変化を招いているのではないかと仮説を立てた。このように，フィールドにある「ちょっと気になる現象」に着目し，それが起こる原因を考え，仮説を立てることが研究のスタートになる。

　研究のヒントを探し仮説を立てるにあたり，調べようとする分野の過去の文献を読み込み「どのような研究動向があるのか」「どこまで明らかにされているか」を理解することはすこぶる大切である。しかし，それと同じくらい，いや，それ以上に日頃のフィールドの観察は重要である。新しいフィールドで研究をはじめるときには，その地域に関わる過去の研究を調べるのと同時に，可能ならばその場所の自然をよく観察してきた方々と交流を深め，観察によって得られた知見に耳を傾けることも必要だろう。今回の研究でも，湿地の保全に関わる人たちから聞いた「昔はもっと湿地がすっきりしていた（木が生えていなかった）のだがなあ」という情報が，仮説を立てる際の重要なヒントになった。

　さて，研究の方向性が定まると，実際に調査を行う場所を探さなくてはいけない。もちろん，あらかじめ立てた仮説をしっかりと検証できる自然環境を備えた場所であることを第一条件にして選ぶべきである。しかし，それだけではなく「調査の理解が得やすい」「勝手がわかっている」「調査に行きやすい」という点にも目配りしたい。これは，円滑で確実な調査を進めるうえで，非常に重要な要素となる。下準備で何らかの縁を得た場所，指導者や先輩が研究していた場所，交通の利便のよい場所といった条件から対象地域を絞り込むことも，あながち妥協ではないのだ。また，自然公園をはじめとした何らかの保護区となっている場合は，立ち入りや調査の許可を抜かりなく進めなくてはいけない。時として，追加の書類を求められるなど，時間のかかることもあるため，時間に余裕をもって進めることが大切である。

　ところで，今回の調査で矢並湿地を選んだのは，自然関係でお付き合いのある方から「矢並湿地で調査をしませんか」というお誘いがあり，ちょうど上述した仮説の検証にふさわしい場所でもあったからである。矢並湿地は自然公園の特別地域であったが，こうした調査協力者のお陰で問題なく調査を進めることができた。

3　方法を選び調査する

　生物や生物群集の分布を調べる手法は，動物か植物かといった対象の違いによ

って異なり，そのアプローチも多様である。オーソドックスなのが，現地に赴いてデータを得る方法（現地調査）で，今回のように植物群落が対象であれば，植生調査が該当する。このほかにも，既往文献やあらかじめ取得されている情報を利用する，聞き取りを行う，衛星画像や空中写真を活用するといった手段があり，得たい情報内容や精度，調査労力との兼ね合いで，取捨選択し，また組み合わせる。たとえば，過去の分布情報を知りたければ既往文献や聞き取りに頼る必要があるし，広範囲にわたる植生分布が知りたければ，既存の植生図やリモートセンシングデータを活用するのが便利である。最近では，博物館をはじめとした公的機関が，生物標本や生物の目撃情報，植生調査情報のデータベース，空中写真や植生図の画像情報を公開している。それぞれに収集や公開の方針があるから，それらを理解したうえで有効に使うとよいだろう。

　今回の調査では，現在の湿地内の植生分布は現地調査（植生調査），過去の湿地内の植生は聞き取り，周囲の植生の変化は聞き取り・空中写真・古地図に基づいて把握することにした。この結果，湿地内の現在の植生は種組成に基づいて大きく3種類に分けられること，1940年代の湿地内は今よりも低茎の草本群落が卓越していたこと，周囲の森林は未発達の灌木林からマツ林を経てコナラ林に変化したこと（図2-1）がわかった。

　具体的な植生調査や空中写真判読の方法は，ほかに良書があるので割愛する。しかし，はじめて生物調査を行う場合は，参考書の通りに進めようにも，生物種の同定や，調査上の細かい判断などの問題に直面する場面もあるだろう。可能であれば，経験者の指導を実地で受けることが望ましい。しかし，残念なことに現在の日本の地理学界において，生物の調査を行なっている人は少なく，身近に指導を受けられる人がいない場合もあるだろう。もし，生物学や農学など隣接分野の研究室が身近にあれば，思い切って指導を請うのも一つの方法である。大学だけでなく，地域の博物館に生物が専門の学芸員が在籍している場合もある。生物種の同定なら，地域で活動する自然観察会などに問い合わせると，詳しい人物を紹介してもらえることもある。

　複雑な方法をとらず，初心者でも確実な単純な方法を選ぶのも一つの手である。「枠内の指標となる植物の本数を数える」「広葉樹林・針葉樹林といった大まかな相観で植生を区別する」などの方法でも，目的によっては十分なデータが得られる。

　さて，地理学から生物を研究する場合には，生物の分布や移動を規定する環境を併せて調査し，比較する場合が多いだろう。環境と一口に言っても，先述したよう

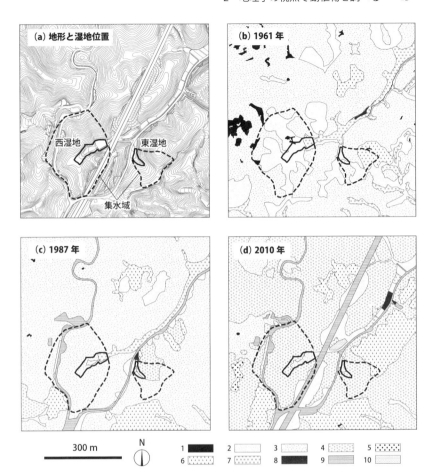

図 2-1　矢並湿地周囲の土地利用と植生の変化

1：土地改変とは無関係に生じた裸地（禿山）　2：草地及び疎らな低木林（湿原・休耕田・採草地・法面緑化地を含む）　3：マツ類優占林　4：コナラ優占林（一部コナラ以外の落葉広葉樹林を含む）　5：常緑広葉樹林6：スギ・ヒノキ人工林　7：水田　8：畑地　9：道路・コンクリート面及び土地改変にともなう裸地　10：水域。(a) は 2009 年度版豊田市地形図（豊田市都市計画課 2009）に基づく。(b)(c) はそれぞれの年の空中写真の判読結果を示す。(d) は 2007 年の空中写真の判読結果を，2010 年に行なった現地踏査の結果に基づいて修正を加えている。

に自然環境と社会環境があるし，自然環境を取り上げるにしても，気候・地形・地質……と多岐にわたる。実際にはあらかじめ立てた仮説に関わる環境を選び取り，調査をすることになる。

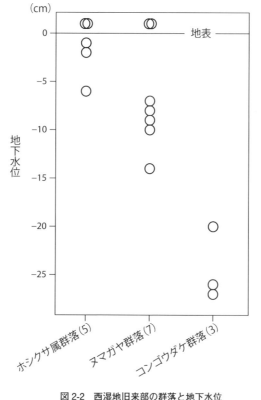

図 2-2　西湿地旧来部の群落と地下水位

プロット（○）は各地下水位計測地点を示す。群落名のあとのカッコ
内は計測地点数を示す。2010 年 11 月 17 日計測。

　今回は，仮説を検証するために，乾燥化の指標とする「地下水位」（自然環境）
と，森林発達の原因と目される「人の関与（の低下）」（社会環境）を調査すること
になった。前者は，湿地内の複数地点に塩ビパイプの井戸を設けて計測した。後者
は，湿地周辺を耕作していた地域の年配者や，湿地保全に最初期から携わっていた
方を湿地管理者に紹介していただき，聞き取りをした。すると，湿地内の三つの植
生は地下水位にしたがって配列し，低茎の草本が卓越する植生はもっとも湿潤な環
境に分布していたこと（図 2-2），1960 年頃から 1970 年頃にかけて近隣集落にプロ
パンガスが普及し，薪の採取が行われなくなったことなどがわかった。

4　調査現場での注意

　生物やそれを取り巻く環境のフィールド調査では，服装や態度にも十分気をつけなければいけない。街中と違い，険しい地形のなかを移動することもあるし，毒虫やかぶれる植物の被害に遭うリスクも高まる。このため，動きやすく肌の露出の少ない服装を心がけることが大切である。また，地権者や土地の管理者の許諾のもとに調査をしていたとしても，第三者からは不審者にみえる場合もあるため，調査地付近で人に会えばあいさつを励行し，必要に応じて「○○大学の者です。許可を得て△△の調査を行なっています」というような簡潔な自己紹介をするのが望ましい。当然のことながら，許可を得ていない範囲に立ち入ったり，調査で出たゴミを放置したりすることは絶対にしてはいけない。地権者や管理者の理解のもとで調査をさせていただいているという感覚を常にもつようにしたい。

5　結果を考察する

　調査結果が出揃えば，それに基づいて妥当なストーリーを組み立てるとともに，仮説を吟味することになる。自然は複雑系であるから，未調査の環境因子の影響などさまざまなノイズが入ることが一般的である。多くの場合，「Aという環境がBという分布を形成している」というような明瞭なストーリーを示すことは困難である。しかし，それでも調査結果から読み取れる情報を示し，何らかの示唆を与えることができれば，十分な考察となる。

　今回の調査では，人の関与低下によって湿地周囲の森林が発達したことが理解され，また，現在の植生配列からの類推によって，地下水位の低下にともなって高茎草本が卓越するようになったことも示唆された。しかし，この二つの事柄をつなぐ部分，つまり「森林発達」と「地下水位の低下」との関連は，直接の調査では明らかにできなかった。そこで，湿地近隣にあり，同様の植生発達を経験した東京大学愛知演習林（現・生態水文研究所）の経年観測データを探し，これを援用する形で，「森林が発達すると蒸発散等により地下水位が低下する可能性」を指摘した。

　このように，考察の段階では，得られたデータから「言えること」と「言えないこと」を整理し，後者は必要であれば，既往文献で補うといった工夫も必要である。

　最後に，組み立てたストーリーが，これまでの研究と比べ，どこが新しいのかという評価をすることも必要である。これまで，湧水湿地は人里の自然のなかに多く

存在することは指摘されていたが，人の関与が湿地の形成を促したり，植生に影響を与えたりすることは新しい視点である。関連する研究事例と比較しながら，今回の調査の力点はここにあると主張することで，論文の主眼が明確になり，わかりやすくなる。

■こんな文献もあります
沼田　真編 1978.『植物生態の観察と研究』東海大学出版会.
林　一六 1990.『自然地理学講座 5　植生地理学』大明堂.

3 「景観」から社会を読む

【元になった論文】
阿部亮吾 2006. 平和記念都市ヒロシマと被爆建造物の論争——原爆ドームの位相に着目して. 人文地理 58(2): 197-213.

阿部亮吾（愛知教育大学）

1 はじめに

地理学に古くからある研究テーマの一つに,「景観」とよばれるものがある。景観は,「風景」という用語と互換的に使われるような場合もあれば, 特定の建物だけを指す場合もあり, 研究者によって定義や使用法はさまざまであるものの, 人の目に映る何かを研究対象にする, という点では多くの一致をみるようである。また農村部では「農村景観」, 都市部は「都市景観」と,「景観」の頭に「○○」といった冠言葉をつけることもあり, 地域を研究対象とする地理学にとって実に幅広いテーマであろう。

ところで, この「景観」を眺めてみることで, その背後にある「社会」までもが透けてみえるとしたら, どう思うだろうか？「景観」はすべて人間の手によってつくりだされたものである。だとすれば,「景観」の一部にはその社会の何か（たとえば地域性であったり, ローカルな軋轢であったり）が反映されていると考えるのが自然であり, 逆にその「景観」を研究することでそれをつくりだした社会のことがよく理解できる, というロジックが成り立ちうる。まるで本に書かれた文字を読むことで, その行間までをも読みとるかのように。

2 「被爆建造物」群との出会い

筆者がこの「景観」のなんともいえない魅力に誘われたのは, 学部4年生の春先のことだった。名古屋大学地理学教室の古ぼけた本棚の一角に『景観から地域像をよむ』（愛知大学綜合郷土研究所 1992）と題された小さな書物を発見し, まさしく「景観」から「地域」を「読めるのだ！」という甘美な謳い文句にほだされて, 卒業

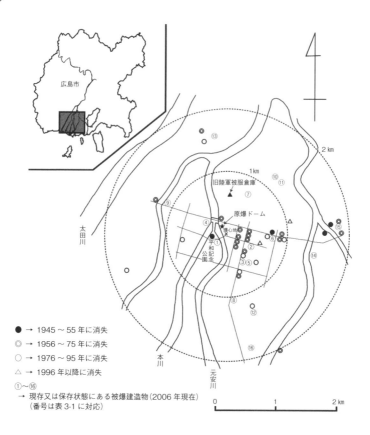

図 3-1　「被爆建造物」の消失・現存の推移（1945-2006 年）

（『ヒロシマの被爆建造物は語る』（被爆建造物調査研究会 1996）をもとに作成）

注：写真（左下）は原爆ドーム，写真（右下）は平和記念公園レストハウス（いずれも 2018 年 2 月 18 日，筆者撮影）

表 3-1　2006 年時点で現存・保存の「被爆建造物」

No	現在の名称	被爆時の名称	爆心地から の距離（km）	所有者	状態
①	平和記念公園レストハウス	燃料会館	0.17	広島市	現存
②	広島アンデルセン	帝国銀行広島支店	0.36	(株)アンデルセン	現存
③	旧日本銀行広島支店	日本銀行広島支店	0.38	日本銀行（広島市に委譲）	現存
④	本川小学校・平和資料館	本川国民学校	0.41	広島市	一部保存
⑤	袋町小学校・平和資料館	袋町国民学校	0.46	広島市	一部保存
⑥	福屋百貨店	福屋百貨店	0.71	(株)福屋	現存
⑦	中国軍管区司令部跡	中国軍管区司令部	0.79	広島市	現存
⑧	広島市役所旧庁舎・資料展示室	広島市役所	1.02	広島市	一部保存
⑨	NTT 広島西営業所	広島中央電話局西分局	1.08	日本電信電話(株)	現存
⑩	中国郵政局・資材部倉庫	陸軍幼年学校炊事室	1.34	中国郵政局	現存
⑪	広島通信病院	広島通信病院	1.37	中国郵政局	一部保存
⑫	広島大学旧理学部 1 号館	広島文理科大学	1.42	国立大学財務・経営センター	現存
⑬	日本電気計器検定所・広島試験所	逓信省電気試験所広島出張所	1.79	中国企業(株)	現存
⑭	山陽文徳殿	山陽文徳殿	1.82	広島市	現存
⑮	谷口(株)	住友軍東松原支店	1.89	谷口(株)	現存
⑯	広島電鉄（株）千田町変電所・事務所	広島電鉄（株）千田町変電所	1.92	広島電鉄(株)	現存

（広島市ホームページ「被爆建物リスト」より作成）
注：No は図 3-1 の番号に対応。原爆ドームは省略している。

論文のメインテーマに「景観」がすえられることになった。こうして，なかば安易にメインテーマを決めた次に問題となるのが，対象地域の選定である。どこでその「景観」を研究するのか？　地理学ではこの問いが重要な意味をもつ。「景観」をめぐって，できる限りなんらかの論争があった地域のほうが卒業論文としては都合がいい。また，田舎よりも都市の喧騒で調査がしたかった。そう考えてたどりついたのが，平和記念都市・広島市の「被爆建造物」群であった。

　よく知られているように，広島市は1945 年 8 月 6 日に世界で最初の原爆が投下され，壊滅的な被害を被った中国地方の中心都市である。それまでこの街に普通に立地していた建造物群は，その一瞬を境にすべてが「被爆建造物」となった。ただし，とりわけ爆心地から半径 2km 圏内の建造物は爆風や火災によって瞬時に焼失してしまったため，現実的には都心部に立地していたごく一部の近代的・非木造建造物だけが「被爆建造物」として残ったわけである。もちろん，かろうじて残存した「被爆建造物」群も，戦後の復興期や高度経済成長期を経て広島市が発展するにともない，多くは姿を消していくことになった（図 3-1）。ところが，日本社会が安定成長期に入った1970 年代に基町地区の再開発で旧陸軍被服倉庫が発見されると，徐々に消えゆく「被爆建造物」群に対して保存運動を展開する人びとが現れた。こ

うした潮流は，1980 年代の広島市役所旧庁舎（地上部分は解体され，地下室の一部が保存されている（表3-1））や広島赤十字・原爆病院に対する保存運動へと発展し，やがて 1990 年代の平和記念公園レストハウス（大正屋呉服店として建設され，燃料会館として被爆）の解体をめぐる激しい存廃論争へと収斂していく。このとき，保存運動の中核を担ったのが 1990 年 12 月に設立された「原爆遺跡保存運動懇談会」（通称，保存懇）であった。

3 資料を収集する・聞き取り調査をする

　ここまで「被爆建造物」の存廃をめぐるくだりをやや長々と書いてみたが，たった一つの建物の存廃をめぐってさえ論争があること自体，「景観」研究の奥深さを感じられて興味深かったのである。そこでまず，広島市の市立図書館や公文書館に出かけて膨大に出版されていた「被爆建造物」関連の書籍・報告書や，戦災復興都市計画および平和記念都市構想に関する行政資料・議事録等を資料収集することにした。戦後都市計画のなかに，「被爆建造物」がどう位置づけられてきたのかを知る必要があったからである。なかでも，広島平和記念資料館内の物販コーナーで売られていた『ヒロシマの被爆建造物は語る』（被爆建造物調査研究会 1996）は，被爆建造物の全容とその立地をつかむのにおおいに役立った。図3-1 はその成果物である。卒業論文の現地調査では，第一にその土地の公立図書館や公文書館，あるいは郷土資料館に足を運ぶことをお勧めしたい。その地域の資料（史料）はその地域に行かなければなかなか手に入らないものである。ましてや，お金で買えるものであれば迷わず購入しておいたほうがいい。一般の市場にほとんど出回ってない資料（史料）の場合，タイミングを逃すと二度と手に入らないことも多いからである。

　次に取り組んだのが保存懇への聞き取り調査であった。こうした団体への聞き取り調査では，現地調査に出かける前に電話でアポイントメントをとることが最低限の礼儀であるが，その当時の筆者は広島滞在中に電話をかけ翌日に会いに行くという，今考えれば赤面ものの恥知らず，もとい若気の至りの怖いもの知らずの行動であったと反省したい。当然ながら相手にも都合があることを考えれば，少なくとも 1 週間以上前には電話をかけて日程を調整することが望ましい。なお，こうしたアポイントメントは，最初は必ず「電話」で行うべきである。メールでの問い合わせの多くは返事が返ってこないものと思ったほうがよい。相手も忙しいのである。保存懇への聞き取り調査では，レストハウスの解体方針を示した行政（広島市）に

対する不満の声をうかがった。一方で，現在でいう市役所の市民局国際平和推進部の担当者にも聞き取り調査を申し出て，「被爆建造物」の存廃をめぐる立場の異なる見解を集めるように努めた。もちろん，現地調査ではその当時保存ないしは現存していた「被爆建造物」群をフィールドワークすることも忘れなかった。ただし，今のようにデジタルカメラやスマートフォンがなかった当時は，写真を撮る＝現像すること自体お金のかかる行為だったため，あまり現物の写真が手元に残っていないのが残念である。今だったら，失敗したアングルも含めて一つの建物を複数枚撮影し，そのなかから映りのよい写真を選択することができたであろう。

　筆者のたどった上記のような調査方法は，一般的に定性的調査（質的調査）法とよばれている。地理学の卒業論文では，統計データやGIS，アンケート調査を駆使して定量的調査法を実践する人も多いと思う。あるいは，定量的調査に聞き取り調査を組み合わせた，いわゆるマルチメソッド法を用いる人もいるだろう。対して，その当時の筆者は定性的な研究にいくぶんとりつかれており，統計データなどは一切顧みることをしなかった。歳をとると頑固者になる，などというが，年齢は本当に関係あるのだろうか？

4 調査から結論にたどりつくまでに

　このように，筆者にとってのはじめての本格的な現地調査はお世辞にもスマートで礼儀正しいものとはいいがたかったが，こうしてどうにか書きあげたものが1998年度の卒業論文として名古屋大学地理学教室に今も保管されているはずである。しかし，学部4年生の秋口まで部活動に忙しかった筆者は，調査から執筆までを夏休み以降の短期間で済ませてしまったために，あまり出来のよい卒業論文とはいかず，結局は学部卒業後も何度か追加調査を行なっている。それでも，この時の卒業論文が学術誌『人文地理』（58(2)，2006年）の研究ノートに掲載されるまで実に7年もの歳月がかかってしまった。というのも，卒業論文で「ただ調べて並べただけの事実」を，どのように分析すれば学術的に面白くなるのかの答えが，なかなか見いだせなかったからである。

　最終的に気づいたことは，一つの同じ「被爆建造物」をめぐって立場の違う人びとがそれぞれ異なる主張を展開していたという現実である。とりわけ，「被爆建造物」を取り壊して都市の再開発を進めたい広島市は，原爆ドームや平和記念公園といった「神聖」な「被爆の景観」以外のすべてを不要ととらえる一方で，その保存

を願う人びとはそうした行政の線引きこそが不適切であるとする，どうにも埋めがたい両者の齟齬があった。ここでカギになったのが「原爆ドーム」の特別な地位である。すべての「被爆建造物」のなかで，原爆ドームだけが1960年代にいちはやく永久保存され，1996年12月には世界遺産にも登録されている。行政は，極端にいえば，広島の街にはこの原爆ドームだけあれば十分と見做し，「被爆の景観」を爆心地に近い空間に「封じ込め」ようとした（米山2005）。対する保存運動側は，広島の街全体を「被爆の景観」と措定し，街中のすべての「被爆建造物」が保存の対象になるべきだと主張する。「被爆の景観」それ自体の定義をめぐって，人びとの意見が真っ向から対立しているのだと筆者は解釈した。それはまた，広島市の将来的な都市像をどのように描きたいのか，に関わる都市論の論争でもあった。まさしく「景観」とは，それをつくりだした社会の何かを「目に見える」かたちで投影した存在の一部なのである。この結論にたどりつくまでに，学部4年生から大学院生に至るまで実に7年もかかったのであった。

5 おわりに

　このように，卒業論文もあまりスマートな調査とはいかなかったし，その後の投稿論文執筆にも苦労したことを顧みれば，「景観」研究は後進の学部生にお勧めできるような手軽な研究テーマとはいえないのかもしれないが，一つの物事をめぐって壁にぶつかりながら思案にふけることこそ，研究の醍醐味ともいえなくはないだろうか？　「景観」研究は，一度取りつかれたら病みつきになることうけあいである。

■引用文献
米山リサ著，小沢弘明・小沢祥子・小田島勝浩訳 2005.『広島――記憶のポリティクス』岩波書店.（Yoneyama, R. 1999. *Hiroshima Traces: Time, Space, and the Dialectics of Memory.* Berkeley: University of California Press.）

■こんな文献もあります
愛知大学綜合郷土研究所編 1992.『景観から地域像をよむ』名著出版.
阿部亮吾 2009. 平和記念都市ヒロシマ，争われる「被爆の景観」. 阿部和俊編著『都市の景観地理――日本編Ⅰ』75-86. 古今書院.
梶田　真・仁平尊明・加藤政洋編 2007.『地域調査ことはじめ――あるく・みる・かく』ナカニシヤ出版.

4 伝統行事を地理学で読み解く

聞き取り調査を中心に

【元になった論文】
石川菜央 2004. 宇和島地方における闘牛の存続要因——伝統行事の担い手に注目して. 地理学評論 77：957–976.
石川菜央 2005. 隠岐における闘牛の担い手と社会関係. 人文地理 57：374–395.
石川菜央 2008. 徳之島における闘牛の存続と意義. 地理学評論 81：638–659.

石川菜央（東洋大学）

1 研究のテーマ設定

1-1 はじめに

　私は，日本の闘牛を対象にした学生時代の研究成果をひそかに「闘牛 3 部作」とよんでいる。愛媛県宇和島地方を対象とした石川（2004）は卒業論文，島根県隠岐の島を対象とした石川（2005）は修士論文，鹿児島県徳之島を対象とした石川（2008）は博士論文の一部である。この章では例として闘牛を挙げるが，祭りなど地域の伝統行事を研究するうえでも参考になれば幸いである。

1-2 研究対象＝研究テーマ，ではない

　闘牛との出会いは，愛媛県宇和島市で行われた地理学の実習旅行であった。

　地域の文化に関心があった私にとって，宇和島市でもっとも印象的だったのが闘牛であった。闘牛は，農耕牛の力比べという農家の娯楽としてはじまったが，農業が機械化された現在では，闘牛専用の牛を飼って続けられている。私の素朴な疑問は「牛を飼うって大変そうなのに，なぜそこまで労力をかけて闘牛を続けるのだろう？」だった。

　研究対象は決まったものの，そこから研究テーマを設定するのには苦労した。地理学教室で「闘牛について研究します」と言ったら「小学生の自由研究じゃないんだから」と笑われてしまった。ただ闘牛にまつわることを調べて書くだけでは，研究にはならないというのである。ここから，闘牛を通して何を解明したいのか，地理学的な探求がはじまった。

1-3 先行研究との関連で研究テーマを絞る

研究テーマを設定するためには，適切な先行研究をみつけることが重要である。地理学では闘牛を対象とした先行研究はなかったので，視野を広げて，どのような分野でなら議論が可能かを考えた。

闘牛は地域の伝統行事であり，観光資源にもなっている。伝統行事に関する先行研究では，生業との旧来の関わりを失った行事が，現代において観光など新たな意義を付されて続いていることが指摘されていた。私は担い手の活動や思いに関心があったので，担い手に焦点をあてて闘牛の現代的な意義について研究しようと考えた。

2 伝統行事をとらえる地理学的な視点のヒント

2-1 担い手の活動（動き）を空間的に分析する

地域の伝統行事を担う人たちは，どこから来るのか，また行事で使う道具などは，どこからどのように調達されるのか。そうした空間的な情報をともなう活動を地図化すると，地域との関連で行事の成り立ちが見えてくる。たとえば，隠岐の闘牛を対象とした石川（2005）では，牛主のもとに闘牛大会の前祝い（図4-1）に来る人たちの居住地と，彼らが持参するご祝儀の種類（図4-2，図4-3）に関連をみつけ，どこに住んでいる人がどのような立場で牛主を応援するのかを分布図で示した（図4-4）。

また，伝統行事にみられるさまざまな社会関係を担い手の居住地と結びつける

図4-1　闘牛大会の前祝いに集まる人びとと披露されるご祝儀

図4-2 ご祝儀（現金）に記される集落名と屋号

図4-3 近隣居住者からのご祝儀（日本酒）

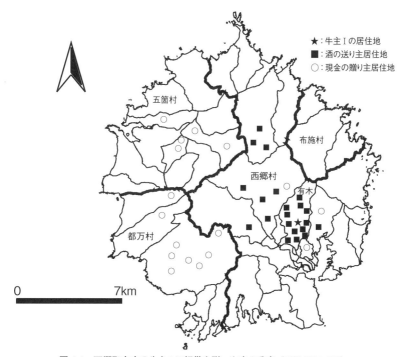

図4-4 西郷町有木の牛主Ⅰに祝儀を贈った家の分布 （石川 2005：388）

28

図4-5　牛主と勢子の組合せ（石川 2008：653）

と，行事が地域のなかでどのような位置づけをされているのかを空間的に分析することができる。石川（2008）の徳之島の闘牛を対象とした研究では，牛主とその牛を応援する勢子の関係（図4-5）および対戦相手の組み合わせ（図4-6）について，2枚の地図で対比した。前者では，牛主と同じ集落や町に住む勢子が応援につく傾向が強い。後者では，集落外や町外の日常的な付き合いのない相手を対戦相手に選ぶことで緊張を避けていることがわかる。こうした空間的な分析のうえで，聞き取りの結果として，徳之島には一度対戦した相手とは友達になれという教訓があり，闘牛が敵を増やすのではなく，牛主や関係者同士の町を越えた交流を促進する役割を果たしていることを指摘できた。

2-2　分析のスケールを変化させる

　対象地域を分析するスケール（縮尺）を変化させ，それぞれでみえてくる現象に注目する。日本という範囲でみて，同様の伝統行事が全国各地で行われているとしたら，それが分布する地域の共通点を検討できるであろう。特定の場所から伝播したのであれば，伝播の経路や背景を調べることも地理学的な研究につながる。分析

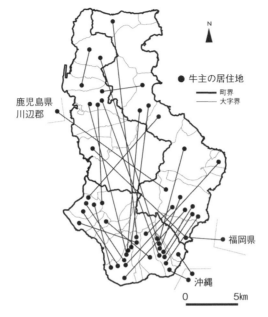

図4-6　取組相手の組合せ（石川 2008：654）

する範囲を狭くして県内の市町村同士の行事を通した交流をみたり，同じ市町村における，各集落の行事の行われ方の差異，集落の境界を越えた行き来なども検討できる。もっと詳細な分析では，担い手とその家族，近隣居住者とのやり取りなども，検討の対象になる。

2-3　地域間の差異に着目する

　複数の場所で同様の行事が行われていて，その行われ方に差異があるとしたら，それは各地域の特色（自然環境や産業，人口，観光資源，自治体の財政状況など）とどのように関連しているのか。こうした点を追求することで，伝統行事を通してその地域の姿もわかってくる。

　石川（2004）では，愛媛県南予地方における宇和島市と南宇和郡の闘牛を比較した。性格の異なる両地域の闘牛の運営を比較することで，都市化と過疎化が伝統行事にもたらす課題，行政の財政規模，観光化への姿勢といった地域の背景が浮き彫りになった。これを南予地方全体でみれば，両地域が性格の異なる闘牛を保持することによって，ライバルでありながらお互いの闘牛を補完し合い，南予地方の闘牛

の存続につながっていることを指摘できた。

3 調査の手順

　私の場合，学部3年生で地理学教室の実習期間を含め約2週間，学部4年生で約3週間の現地調査を行い，その成果を卒業論文としてまとめた。

3-1　調査に出かける前の準備

　大学や図書館，インターネットで取得できる論文や資料にはあらかじめ目を通す。それらに加えて，現地にしかない資料の一部を事前に見ることができれば，調査の計画を立てやすい。私は，調査先に協力依頼の手紙を書く時に，返信用の封筒を同封し，聞き取り調査とともに，資料の事前提供のお願いをした。

　返信や，資料を送っていただいた際には，お礼かたがた電話をして，訪問の日時などを相談した。これからお世話になる方に失礼のないよう，かつ緊張していても必要な事項をもれなく相談や確認ができるように，電話をかける前には箇条書きのメモを用意し，何回か練習してから電話をかけた。

3-2　予備調査と資料収集

　予備調査では，文献や資料だけではわからなかった発見があり，問題意識を深められる。予備調査における聞き取りの結果，担い手同士の闘牛を通した独特の信頼関係があることがわかり，それが本調査の調査項目の中心となった。

　予備調査では，以下のような行き先を想定することができる。

・役場の観光課や関連する部署…行事に対する自治体としての取り組み，補助金や運営のサポートなど，役場がどのように関わっているかを聞く。ネットで公開されていないデータ（観光客数の変遷や行事に対する補助金の報告書など）を可能であればコピーさせてもらう。
・観光協会…役場と連携しているが，役場とは異なる立場で行事に関わっていることもあるので，興味深い話が聞けるかもしれない。
・郷土歴史家…独自に調査をされていたり，図書館では入手できないような資料をお持ちだったりして，研究に対する貴重な助言をもらえる。
・行事の運営組織の代表者…組織の運営や担い手に関して基礎となるお話を

聞ける。運営や会計に関する資料も，可能であれば閲覧やコピーをさせても
らえるとよい。
・本調査で利用する宿泊施設の情報を得る。インターネットでは詳しく出て
いなくても，現地で聞くと快適で手頃な料金の施設を紹介してもらえること
がある。

　いろいろなところで「担い手にお会いしたいので，どなたか紹介してもらえない
か」と頼んでみると，それぞれが知り合いを紹介してくれる。その場で連絡を取っ
て話をつけてくれ，案内してもらえることもある。自分でアポイントメントを取る
苦労や緊張を考えると，こうした協力は非常にありがたい。
　相手が直接に行事と関わっていなくても，現地で聞いた話はすべてが貴重なデー
タである。宿や売店のご主人やおかみさん，バスやタクシーの運転手などは，地元
の情報に詳しく，知り合いも多いので，積極的に話しかけてみるとよい。私は，た
またま乗ったバスの運転手が，あとから闘牛の担い手である同級生を紹介してくれ
たことがある。

4　聞き取り調査の段取り

4-1　行事の日程にあわせて計画を立てる

　行事の日程によって，会える相手や聞ける内容が変わってくる。多くの伝統行事
は，行事の当日を中心に日程が組まれているので，どのタイミングでどんな情報を
得られるかを整理し計画を立てる。闘牛の場合，数か月に１度闘牛大会があり，①
牛の世話をする日常生活→②対戦相手が決まり，牛の体調を整える時期→③前日の
前祝い→④大会当日→⑤大会後の慰労会という日程で動いていた。

4-2　担い手の日常生活でお話をうかがう

　①の日常生活では，担い手は比較的時間や気持ちに余裕があり，落ち着いて話を
聞ける。ご自宅を訪ねたりして，これまでの半生と行事の関わりなど，じっくりお
話をうかがうのに向いている。
　②の行事に向けて準備をする期間も，当日に向けた高揚感や緊張感があり，どんな
準備をしているのかが具体的にわかる。一方で，闘牛などのように勝負が絡む場合，
担い手は対戦相手が決まって緊張している。あちこちの担い手を渡り歩くと，「対戦

相手のスパイでは？」と思われたり「うっかり情報を漏らすと対戦相手に伝わってしまうかも」などと警戒されたりすることもあるので，注意が必要な時期とも言える。

4-3　宴会でお話をうかがう

　行事の前後に，担い手が宴会を開くことがある。さまざまな担い手と知り合える機会なので積極的に参加するとよい。ただ，お酒を飲みながら盛り上がっている場所は，個人にじっくり話を聞くには向いていないだろう。もし聞き取りをするとしたら，年齢層や職業などの基本的な属性のほかに，以下のような点に絞ってお話をうかがうのはどうだろうか。

・どこから来ているか
・行事への関わり方
・宴会の主催者との関係
・行事に関わるようになったきっかけ

　また，お酒を飲んでいる方々だけではなく，場所の設営や食事の準備をしている方（担い手の家族や親戚，近隣居住者であることが多い）にもお話をうかがってみると，行事がどこから来た人たちで，どのように成り立っているか立体的にみえてくる（図4-7）。

図4-7　宴会の準備をする女性（隠岐）

4-4　行事の当日にお話をうかがう

　伝統行事の当日は，もっとも会場がにぎわい，盛り上がる日であろう。担い手は行事の運営や来客の対応などで忙しい。当日にしか会えない人物や，見られないものもたくさんあるので，てんやわんやの状況で，何をするか，あらかじめ目星をつけておくと，おろおろしなくて済む（おろおろするのもよい経験であるが）。私は，大会当日には主に以下のことを行なった。

・会場に早めに行って，準備や人が集まる様子を時系列で記録する。
・会場や人びとの様子など，当日ならではの情景を中心に，写真を撮る。
・会場のどこで，どのような立場の人（担い手，担い手の家族，近隣居住者，親戚，観光客など）がどのような活動や，やり取りをしているのか観察する。
・相手に話をする余裕がありそうだったら自己紹介をして，後日のインタビューをお願いし，連絡先を聞いておく。

　私は担い手の家に前日から泊めていただいて，朝からお手伝いさせてもらったり，出陣の準備に立ち会わせてもらったりしたこともある。伝統行事の場合，「―に触れてはいけない」「―に入ってはいけない」など，地域によってはさまざまな縁起担ぎをする。こうした習慣は地域や担い手間でも差があるが，調査をする者としては，担い手の気持ちに配慮して慎重に行動することが求められる。

5　「なぜ？」と聞かない質問術

　相手に「なぜ～なのですか？」とストレートに尋ねても，具体的な話を聞きだすことが難しいことがある。たとえば「闘牛の担い手にとっての意義を検討したい」と考えて「なぜ牛を飼っているのですか？」と聞くと，「DNA に刻まれている」「女房より牛が好き」「男のロマン」など，生き生きとした語りが飛び出してきて，これだけで圧倒されそうである。ここからさらにもう 1 歩踏み込んで，担い手と地域の関係について，具体的な情報を得るためにはどうすればよいのであろうか。

　「なぜ」という問いへの答えから，深い洞察を得られることもある。しかし，やみくもに「なぜ」を連発すれば，相手にばかり考える負担を強いることになる。また物事は必ずしも言語化された理由にもとづいて行われるわけではない。担い手の語りを尊重しつつ，語られないことや目に見えないものにも気を配り，必要であれば

第1部

第2部

第3部

地図化し，空間的にとらえながら行事の本質に迫ることが，地理学の面白さではないだろうか。

そこで，研究をする者としては「なぜ」という問いを通して，何の情報を得たいのか，自分で考えなければならない。研究の目的をふり返り掘り下げていくと，「なぜ」はさらに具体的な問いに置き換わっていく。たとえば，「なぜ〜に関わっているのですか？」は，以下のような問いに分解できる。

- いつから関わっているのか？　その時に何があったのか？（地域の歴史と担い手の半生の関わりを時系列で把握したい）
- 何がきっかけだったのか？（行事に関わりはじめるうえで，地域の何が影響を与えるのかを知りたい）
- 最初に関わりはじめた時，どこにいたのか？（担い手が育まれる地域や場所を知りたい）
- どこの誰から影響を受けたのか？（担い手の社会関係を空間的に分析したい）

「なぜ？」と聞かない質問術については，国内外で地域づくりに関わってきた認定 NPO 法人ムラのミライが「メタファシリテーション」として確立し，和田・中田（2010）や，中田（2015）に詳しく書かれている。とくに中田（2015）は日常生活や国際協力の場面を通して，この技法を実践的にわかりやすく紹介しており，入門編としてお勧めである。私はこの本を読んで，自分が調査のなかで経験的に学んで実践してきたことは，こういうことだったのか，とあらためて納得することができた。同 NPO は定期的に体験型の講座も開いているので，参加してみるのもよいだろう。

6　調査結果のまとめ

6-1　忘却との闘い

聞き取り調査で得た情報を現地でどこまで整理するかは悩ましい。調査中は何かと忙しく，最低限の食事と睡眠を確保するだけで精一杯の日もある。録音したものは後からテープ起こしできるが，メモしただけの聞き取りや観察の記録は，その時の状況や文脈，場所，一緒にいた人物，気がついたことなど，書き取った文字以上に膨大な情報が絡んでいる。しかしその記憶は急スピードで薄れ，1 週間前のメ

モでも何が書いてあるのかわからなくなったりする。かといって，現地ですべてをパソコンに打つ時間はない。私は，書いたメモをその日の終わりに見直し振り返ることと，調査が終わって自宅に戻る電車の中，記憶している内容をタブレットで可能な限りデータ化することを心がけていた（これは眠気との闘い）。調査地から戻ると荷物の片づけなどがあり，データの整理ができないまますぐに時間が経ってしまう。帰宅の時間は現地での記憶をなるべく正確に思い起こす最後のチャンスかもしれない。

　調査後は，協力者にお礼状を書き，フィールドノートの情報をパソコンでデータ化するとともに，録音データがあれば，テープ起こしを進める。テープ起こしには膨大な時間がかかるが，担い手との対話にあらためて丹念に向きあうことで，重要な情報に気がついたり，まとめ方に関するアイデアが浮かんだりする。

6-2　論文のストーリーをつくる

　学術論文の多くは，研究の目的と従来の研究→方法→結果→図表→考察→結論という順序で書かれているが，私は，論文の構想を練る時は，大まかな研究の目的は定めたうえで，以下のように，ほぼ逆の手順で行なっている。

・聞き取り調査でわかった重要な点（研究の結果）を整理し，結論を考える。
・聞き取りのデータを図表にまとめる。
・自分の研究が先行研究に何を付け加えられるのかを主張できるように，先行研究を整理する。
・研究の目的と意義を書く。

　執筆の過程では，さまざまな箇所を行き来しながら加筆修正する。章構成は，自分の研究に近い論文を参考にするとよい。

■引用文献
中田豊一 2015.『対話型ファシリテーションの手ほどき——国際協力から日々の日常生活まで，人間関係をより良いものにするための方法論』認定NPO法人ムラのミライ.
和田信明・中田豊一 2010.『途上国の人々との話し方——国際協力メタファシリテーションの手法』みずのわ出版.

■こんな文献もあります

内田忠賢編 2003.『よさこい／YOSAKOI 学リーディングス』開成出版.

中野紀和 2007.『小倉祇園太鼓の都市人類学――記憶・場所・身体』古今書院.

和崎春日 1987.『左大文字の都市人類学』弘文堂.

5　産業の歴史を調査する

【元になった論文】
服部亜由未 2007．明治・大正期における北海道鰊漁出稼ぎ漁夫の動向──菊地久太
　郎の出稼ぎ記録より．歴史地理学 49(5)：54-68.

服部亜由未（愛知県立大学）

1　産業の担い手はどこから？

　ある地域における産業の歴史を地理学的にひもとくには，どのようなアプロー
チがあるだろうか。その産業による地域の変化，商品流通にともなう地域間相互関
係など多様なアプローチが考えられる。文献史学と隣接しながらも，地理学では地
域，空間を重視し，空間軸から追究する立場に特徴がある。ここでは，産業の担い
手に焦点をあて，その地域的な拡がりや変化から産業の歴史をひもとく方法を筆者
の論文をもとに紹介する。

　名古屋大学文学部地理学教室では，2・3年生の必修科目として「地理学野外実
習」がある。毎年，調査の拠点となる地域を変え，3年生が中心となって，その年
の地域を決める。筆者が3年次には，北海道小樽市に決まった。

　筆者は，もともと時代のなかで忘れ去られてしまうような，古い事象や人びとの
行為に強い関心があった。小樽市の歴史を調べていくなかで，江戸時代中頃から明
治，大正にかけて鰊漁業が盛んであり，鰊漁業によって街が形成されたといわれて
いること，しかしながら，昭和30年代にはまったく鰊が獲れなくなったことを知
った。愛知県の古い農家で生まれ，育った筆者には，鰊といえば「にしんそば」や
「数の子」程度の知識しかなく，文献から得られるすべてが新鮮だったことを覚えて
いる。ソーラン節が鰊漁業の労働歌だったこともはじめて知った。

　鰊漁業によって発展した地域は，小樽市だけではない。北海道西海岸のほぼ全域
で，鰊漁業に関わった漁業移民による開拓の歴史があった。しかし，その一方で，
北海道の開拓史研究では，農業移民が中心となっていることに疑問が生じた。ま
た，北海道西海岸において，開拓が進むと同時に，さまざまな形で鰊漁業に多くの

人びとが携わっていた。こうした鰊漁業の担い手の多くは，春，鰊漁業期間のみ北
海道にやってくる季節労働者，すなわち出稼ぎ者だった。

　ではいったい，どのような地域から，どれくらい来たのか，担い手を通じた地
域間関係に変化はあったのか，なぜ多くの人びとが北海道以外から鰊漁業期間のみ
やってきたのか，多くの人びとを引きつける何かが鰊漁業に潜んでいるのではない
か，といったさまざまな問いが浮かんできた。

　こうした問題意識から，まず何人の人が，どこからやってきたのか，出稼ぎ者の実
質的な人数とその出自を調査することにした。しかし，関係する統計資料を調べた
が，鰊漁業出稼ぎ者の詳細な統計資料は，大正末期以降しか作成されていないことが
わかってきた。その理由は後々わかるのだが，鰊漁業出稼ぎ者に対する本格的な調
査は，1920 年代に入ってからのことだった。詳細な統計資料から，小樽市の鰊漁業出
稼ぎ者数の変化を追うことは難しいとわかり，他の資料を探す必要が出てきた。

　そこで，愛知県内で手に入る市町村史，図録，文献等から，資料探しや所蔵機関
を検討する作業を行なった。最近では，図書館や文書館，博物館などの web サイト
で，所蔵資料群の紹介や資料検索ができるようになっている。遠隔地を対象とする
場合には，事前調査として，対象地域に関係する機関の所蔵資料情報を調べよう。
なお，現地では，図書館の郷土資料コーナーも早めに確認するとよい。地域の人が
まとめた資料や聞き書き集が配架されている場合がある。

2 記録から担い手の行動を読みとく

　筆者は資料情報を調べているなかで，偶然にも，インターネット上の古書店で『北
海道出稼年度記録』と書かれた資料等が販売されていることを発見した。価格は，全
部で 5,000 円だった。学部生でも手が届く値段であったため買いたいと思う一方で，
資料をインターネットで購入することが許されるものなのか，本当にこの資料は使
えるものなのか，不安だった。指導教員に相談したところ，即答で「すぐに買うとよ
い」と購入を後押ししてくれたこともあり，誰かに購入される前に入手できた。

　資料を手に入れ，さっそく『北海道出稼年度記録』を読んでみると，そこには，
菊地久太郎という出稼ぎ者の，31 年間における毎年の出稼ぎ先が記されていた。

　図 5-1 に示すように，比較的読みやすい記録のため，くずし字にまだ慣れていな
い地理学の 3 年生にも，くずし字辞典等で調べながら読むことができた。現地調査
前に，わかる範囲で翻刻し，いつ，どこの村の，何家の漁場の，どのような漁業に

図 5-1 『北海道出稼年度記録』（余市水産博物館所蔵）

従事したのかを読み取った。そして，町村名や字名から漁場の位置を推定し，GIS
上に漁場のポイントを作成した。不明な場所については，現地調査時に文献資料を
調べたり，学芸員の方にうかがったりした。このように，現地調査前にある程度整
理しておくことで，現地調査がスムーズになるだろう。

　現地調査では，菊地氏が長年出稼ぎに向かった余市町における一漁場（川内家）
の漁夫名簿の調査も行なった。この漁夫名簿の一部（1926 〜 1928 年分）は，浅野
（1999, 2006）で整理されていたため，残りの年代（1929 〜 1931 年分）について筆
者が写真撮影し，現地調査後，名前，住所，続柄，生年月日，給料，前貸金のデー
タ入力を行なった。浅野（1999, 2006）のデータとつなげることで，出稼ぎ者の出身
地，雇用期間を再検討した。

　その結果，秋田県山本郡からの出稼ぎ者が多いこと，単年就労漁夫が多いことを
確認できた。しかし，川内家の漁夫名簿から消えた漁夫，すなわち川内家の漁場を
辞めた漁夫が，いったいどこへ行ったのか，鰊漁業出稼ぎ自体を辞めたのかについ
ては，不明なままであった。漁家側の資料は，「○○家文書」として，まとまって残
されることが多く，利用しやすい。しかし，漁家側の資料からでは，その漁場に雇
われた一時点しかわからないため，各漁夫の出稼ぎ活動がどのように変化したのか
わからず，出稼ぎ者側からの視点を組み合わせる必要があるといえる。

　この問いに対し，『北海道出稼年度記録』から，一人の出稼ぎ者である菊地久太郎氏
の出稼ぎ活動の変化をひもといていくことにした。

　現地調査で漁場の位置がわかり，GIS 上に整理したポイントをもとに，1 年ごと
に彼の行った漁場を直線で結んだ（図 5-2）。この直線を順にみていくと，31 年間の
出稼ぎ活動は一定ではなく，その特徴から大きく 4 段階に区分できることがみえて

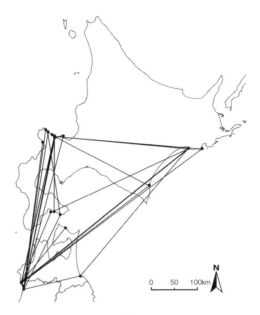

図5-2　菊地久太郎氏の一生における出稼ぎ活動（『北海道出稼年度記録』より作成）

きた。さらに，31年間の鰊漁業出稼ぎ期間中，9か所の異なる鰊漁場で働いていたこと，同郡内においても漁場を変更していること，それぞれの漁場における就労年数は，1年から13年とさまざまであることがわかった。これは，従来研究から知り得た出稼ぎ者像，出稼ぎ者の行動と，大きく異なっていた。

3　記録の背景を探る

　従来研究から知り得る出稼ぎ者と，記録をつけた一人の出稼ぎ者との違いに，大きな疑問が生じたこともあり，この記録は本物なのか，記録者は実際に存在し，自身の本当の就業記録を記したのか，不安になった。幸いにも，ノートには記録者の当時の住所・氏名が書かれていたため，その住所を頼りに，秋田県山本郡へ向かった。

　当時の住所から推測される地区で，聞き取り調査をはじめたが，昼間であったこともあり，ほとんど外に人がおらず，唯一外にいた二人に話を聞いた。「菊地さんの家に行けばわかるのではないかなぁ」と紹介してもらい，孫，ひ孫にあたる人に出会うことができた。そして，資料が古書店へ出たいきさつ，久太郎氏との思い出，

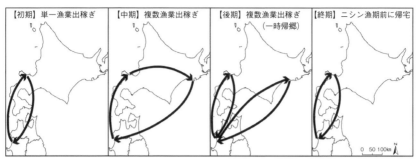

図 5-3　菊地久太郎氏の出稼ぎパターン（『北海道出稼年度記録』より作成。服部（2013）を一部改変）

北海道へ出稼ぎに行っていたらしいという話などをうかがった。ここでようやく，記録者＝菊地久太郎は確かに実在していたこと，記録は本物であることを確認できた。その後，戸籍謄本を確認してもらい，久太郎氏の出生年，義父の死去年を知ることもできた。子孫の方々は，久太郎氏が出稼ぎをしていたことを聞いていたものの，詳しくは知らなかったため，後で論文を渡したところ，大変喜んでくれた。

　出生年をもとに年齢や家庭の事情，就労地の状況を組みあわせて，彼の出稼ぎ活動の変化ときっかけを 4 段階に分けて示すと，以下のようになる（図 5-3）。

　19 歳からの初期（1889 ～ 1902 年）では，家から後志地域の一漁場へ鰊漁業出稼ぎに行き，鰊漁業の漁期が過ぎると，家に戻る「単一漁業出稼ぎ」だった。

　その後，33 歳のときに就労した鰊漁場の，鰊漁業失敗をきっかけとして，その夏から，他の地域の他の漁業へ働きに行くようになった。「単一漁業出稼ぎ」から「複数漁業出稼ぎ」に変化したといえる。4 期のなかでもっとも働いている中期（1903 ～ 1911 年）は，33 ～ 41 歳のことになる。

　後期（1912 ～ 1916 年）では，複数漁業出稼ぎのまま，鰊漁期後に一時帰郷している。義理の父が病気になり，後に他界したため，一度帰宅し，7 月に再出発し，9 月までに帰宅するように変化した。これは，基幹的農業従事者となり，鰊漁期後，田植えのために帰り，稲刈りにあわせて帰宅していると考えられる。

　そして，最後の 3 年間は，例年のように鰊漁業に行くも，自身の病気のために，鰊漁業がはじまる前に帰宅することを繰り返した。結局，49 歳で出稼ぎを辞める決意をしたと書かれている。その後は，地元の漁業に従事していた。

　以上より，菊地久太郎氏の一生における鰊漁業出稼ぎ場所の変化から，漁夫名簿から消えた漁夫は，他の漁場で働いている可能性が高いことを指摘できた。この資料との出会いがなかったら，私は鰊漁業研究を続けることがなかったといえるほ

ど，この1冊のノートからみえてきた鰊漁業出稼ぎ者像，出稼ぎ者の行動は，衝撃的なものだった。なお，この資料は，調査実習や『歴史地理学』への投稿時には，筆者が所蔵していた。しかし，博士論文執筆にあたり，副査の先生から，他者が資料へ接近しやすいようにした方がよいと助言を受けた。資料を手元に置いておきたい思いもあったが，資料のことを考え，鰊漁業資料が豊富にあり，菊地氏の出稼ぎ地域に位置する余市水産博物館に寄贈した。

4 語りを生かす

　実習報告書をまとめた後，小さなことではあるものの，新たな鰊漁業の側面を発見したことに喜びを感じ，指導教員の勧めにしたがって『歴史地理学』への投稿に挑戦した。査読者とのやり取りのなかで，課題に挙がったのは，菊地久太郎氏の一事例にすぎない点だった。そこで，卒業論文では，この事例を鰊漁業出稼ぎ経験者への聞き取り調査から裏づけたいと考えた。

　余市町における川内家の漁夫名簿をもとに，出稼ぎ者が多く出ていた集落をまわり，鰊漁業について聞いた。今思えば，計画性のない調査だが，当時はとにかく現地に行けば，何かは得られることを信じて，時間をかけて回った。こうしたアポイントメントなしの聞き取り調査では，不審に思われることが多く，何度もくじけそうになった。ただ，調査地域が遠かったこともあり，再調査できるかわからないから，やれることをすべてやっていこうという気持ちで，ピックアップした全集落を回り，関係機関等に話をうかがった。

　昭和30年代には北海道の鰊漁業自体が幕を閉じており，経験者は聞き取り調査当時70歳以上の方である。そのため，経験者になかなか会えなかった。しかし，多くの出稼ぎ者がいた「出稼ぎの村」といわれている地区の存在を聞いた。

　「出稼ぎの村」では，第二次世界大戦後，北海道へ鰊漁業出稼ぎに行ったことがある6人に出会った。彼らに，質問事項を記した紙を渡し，出稼ぎ先やその時の状況等をうかがった。話をうかがう際には，録音の許可をもらい，メモを取ることよりも話者との対話を重視した。調査後は，録音内容を文字起こしし，その後，質問別にまとめた。さらに，6人の出稼ぎ活動と文献から得た社会状況等を，1枚の年表のようにまとめて整理した。

　彼らは，周りの男性が鰊漁業出稼ぎに行くのを見て，子どもの時から自分も将来出稼ぎに行くという気持ちになっていたそうだ。しかしながら，戦後の鰊漁業は，獲れ

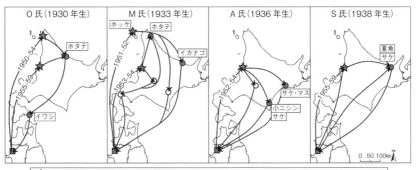

図5-4　鰊漁業出稼ぎ就労地と鰊漁期後の出稼ぎ活動（聞き取り調査より作成。服部（2013）を一部改変）

ないことの方が多く，出稼ぎに行ったのはよいものの，収入がないまま帰らざるをえない場合もあった。出稼ぎを辞めた方がよいのか，違う仕事へ切り替えた方がよいのかといった決断を迫られるなど，まさに鰊漁業出稼ぎ激動の時代を経験した人びとといえる。鰊漁業では収入がないこともあり，彼らは，鰊漁業の漁期後に違う仕事も行なった（図5-4）。菊地久太郎氏の出稼ぎパターンの中期にみられた「複数漁業出稼ぎ」にあたる。ただし，違う仕事は漁業に限らず，土建業や造林業に従事した人もいる。この内容は，菊地氏の事例の再検討とともに『資源と生業の地理学』のなかに収めた。

　鰊漁業に限らず，終了した産業の経験者から生の声が聞ける機会は，少なくなってきている。経験者に出会うことは難しいが，こうした声を記録することも，産業の歴史を考えるうえで大切なことだろう。

■引用文献

浅野敏昭 1999. 川内家文書に見る入稼ぎの漁夫について. 余市水産博物館研究報告 2：39 –52.

浅野敏昭 2006. 川内家文書に見る複数年雇用の漁夫について. 余市水産博物館研究報告 9：1–18.

服部亜由未 2013. ニシンの移動に伴う漁夫の活動. 横山智編『資源と生業の地理学』111– 134. 海青社.

■こんな文献もあります

河島一仁 2021.『職人集団の歴史地理——出稼ぎ鍛冶の地域的展開』古今書院.

河原典史 2021.『カナダにおける日本人水産移民の歴史地理学研究』古今書院.

第1部

第2部

第3部

6 地理学の視点で「アニメ聖地巡礼」をみる

【元になった論文】
山元貴継・内山桂次・枝廣優也 2016. 岐阜県高山市におけるアニメ・ツーリズム——
——質問紙を用いた「アニメ聖地巡礼」行動把握の試み. 都市地理学 11：44-58.

山元貴継（琉球大学）

1 「アニメ聖地巡礼」への注目

どこにどういった観光地がある
のか，なぜそこが観光地になったの
か。こういった問いには，地理学自
体に関心がなくても，皆さんの多く
が興味を抱くことだろう。さらに，
皆さん自身が観光地をどうめぐるか
に加えて，地図などを片手に観光地
に来た人びとが，何を考え，どのよ
うに観光地を行き来しているのかに
ついても気になる方がいるかもしれ
ない。とくに近年では，ドラマやア

図6-1　アニメ作品放映を伝える新聞記事
（岐阜新聞 2012 年 4 月 25 日付）

ニメの舞台とされたところにそれらのファンが向かい，そこでの風景を写真などに
おさめたり，さまざまなシーンに想いをはせたりする，いわゆる「聖地巡礼」が知
られるようになっており，そうした観光客の行動に興味をもつ方もいるだろう。そ
うした観光地の現状と，そこでの観光客の動きなどを明らかにする分野として，観
光地理学がある。ここでは，2012 年に放映されたアニメ作品「氷菓」（図 6-1）の舞
台とされた岐阜県高山市で実際に行なった調査研究（山元ほか 2016）をもとに，そ
のアプローチを紹介する。

2　統計類での把握の難しさ

　観光地理学で多く用いられてきたのは，自治体などが刊行している統計類の「観光客入込客数」などのデータである。そこでは，年間あるいは月ごとに，特定観光施設に何人入場したのか，あるいは自治体内の各宿泊施設に何人宿泊したのかに加えて，その自治体全体におおよそどれくらいの人数の観光客が来たと見込まれるのかが示されることがある。前二者は，入場券購入や宿泊料の支払いなどをともなうため，大人・子供の区別などを含めたかなり正確な人数が把握されている可能性がある。一方で後者は，その自治体に来た人数自体の把握も難しく，その内はたしてどれくらいが観光を目的としていたのかを確認することは難しいため，多くの自治体では，あくまで前二者の人数からの推計を示さざるをえないところだと思われる。

3　アンケートや聞き取り調査

　そこで観光地理学では，しばしばアンケート調査や聞き取り調査を行うことで，こうした観光客の実態を明らかにすることを試みる。アンケートでは，たとえばその観光地に個人あるいは団体で来たのか，男女別人数は何名であったのか（これらは，観察でもわかることが多いので，あえて質問せず，各組から回答を得た後に調査者自らが用紙に書き込むのもよいだろう），回答者や同行されている方の年齢層や今回の「出発地」（しばしば「出身地」を尋ねた調査が見受けられるが，そうなると「出生地」が挙げられてしまう可能性がある）といった「属性」に加えて，今回の観光の目的や利用した交通手段，観光地内での具体的な行き先などの調査項目を，あらかじめその回答を選択肢などで示して選んでもらうだけにするようにして挙げた用紙を作成するのが望ましい。そして，勇気をもって観光客に用紙を提示し，できるだけ多くの，幅広い層の方々からの回答を求めることになる（図6-2）。加えて聞き取り調査

**図6-2　岐阜県高山市市街地（鍛冶橋周辺）における
　　　　アンケート調査の様子**（2014年6月28日）

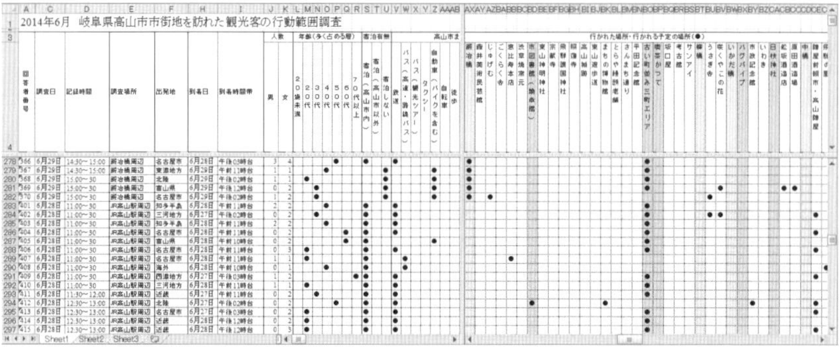

46

図 6-3　岐阜県高山市市街地内における観光客へのアンケート（2014 年 6 月 28・29 日実施）をもとにしたデータベースの例

表 6-1　各調査地点・日程で回答を得られた観光客の組・人数と高山までの交通

| 調査地点 高山までの交通手段 | JR 高山駅周辺 | | 高山陣屋前 | | 柳橋周辺 | | 鍛冶橋周辺 | | 弥生橋周辺 | | 計 |
	6月28日	6月29日	6月28日	6月29日	6月28日	6月29日	6月28日	6月29日	6月28日	6月29日	
鉄道	**31**	**53**	3	4	18	4	15	4	2	2	136
バス（高速・路線バス）	6	11	2	5	2	2	6	2	3	1	40
バス（観光ツアー）	—	0	1	15	3	7	7	6	4	6	49
タクシー	—	1	—	—	—	—	—	—	—	—	1
自動車（バイクを含む）	4	10	**38**	**47**	**50**	**52**	**70**	**51**	**52**	**22**	396
自転車	1	—	—	—	—	1	—	—	—	—	2
徒歩	—	—	—	1	—	—	—	—	—	—	1
計	42	75	44	72	73	66	98	63	61	31	625
（のべ人数）	(111)	(171)	(113)	(400)	(171)	(174)	(346)	(188)	(154)	(130)	(1958)

注：利用交通手段については 2 組の複数回答を含む。**太字**は各調査地点・日程でもっとも多く挙げられた利用交通手段。

　では，個々の観光客の方々に，たとえば観光地への要望などについてまで尋ねることがある。これらの回答については，それぞれの回答に回答者番号などを付けて分類したうえで，表計算ソフトである Microsoft Excel などに入力し回答データベース（図 6-3）を作成しておいて，同ソフトのフィルター機能などを活用すると，単なる調査項目ごとの割合（たとえば，男女それぞれ何％ずつだったのか）だけでなく，複数の調査項目の結果どうしを掛けあわせて，項目どうしの関係を明らかにすることを目指す「クロス集計」も可能になり，分析の幅が広がる。たとえば表 6-1 は，アンケート回答を得られた調査地点・日程と，回答者の岐阜県高山市までの利用交通手段とを「クロス集計」したものであるが，当然のことながら鉄道駅周辺での回答では，利用交通手段として鉄道が多く挙げられることになる。こうした調査

地点による回答の違いは，後述するように観光調査では広く注意しておく必要がある。

　ほかにも，観察調査による方法もある。観光施設などで入場する人数やその層をカウントして記録し，一定時間ごとに集計することで，観光客数の規模や，それらの観光客が集中する時間帯などを明らかにするものである。また，自動車での観光客に対象が限定されるが，主要観光地や観光施設に向かう道路で，そこを通過する自動車の台数や乗車されている方の人数，通過した時間だけでなく，ナンバープレートの記録なども試みると，その地域名から，運転されている方のおおよその「出発地」別に自動車の台数を把握することも可能になる。自家用車を対象とし，かつ，観光地などに向かう道路がほぼ限られている（たとえば観光施設などで，駐車場の入出場ルートが限定されている）場合には，記録を取る時間を長く取り，向かう車だけでなく戻ってきた車のナンバープレート情報も記録して，双方の記録をつきあわせると，観光地や観光施設での滞在時間までを概算できることがある。

4　調査の結果

　さて，こうした手法を用いて，近年注目される「聖地巡礼」観光客についてのアプローチを試みてみよう。その際に気をつけておく必要があるのは，しばしば「聖地巡礼」観光自体に興味のある皆さんは，「聖地巡礼」を過大評価してしまうことである。たとえば，2012年から翌年にかけて，岐阜県高山市への「観光入込客数」が増えたからといって，その増加分がすべてアニメ「氷菓」の「聖地巡礼」観光客とは限らない。観光客数は天候などによっても増減するし，高山市はこれまで結構多くのドラマや映画でも舞台になっている（ご両親などに聞いてみるとよい）。また，アンケート調査や聞き取り調査地点の安易な選定も危険である。オープニングや主要なシーンなどの舞台として使われたまさしく「聖地」をめぐっている観光客に，観光の目的を尋ねれば，「聖地巡礼」を多く挙げるのは当然である。また，「聖地巡礼」観光客の多くは，あらかじめ「聖地」となっている場所や施設をよく調べてから訪れたり，また，そこを訪れた記録を写真や動画に残したり，SNSで発信しようとしたりすることが多いことが予想される。そうした方々に，観光地での具体的な行き先を自由に挙げてもらう形で尋ねれば，「聖地巡礼」観光客以外の方々とは比較にならないほど多くの行き先を正確に挙げられる可能性があるので，注意する必要がある。

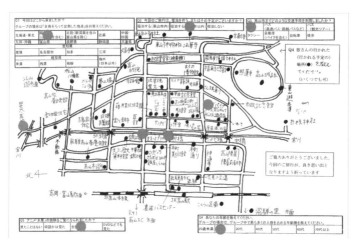

図 6-4　今回作成した聞き取り調査記録用紙と記入例
（2014 年 6 月 28 日：柳橋周辺における回答）

　そこで岐阜県高山市での調査では，調査場所をあえて分散させ，幅広い層からの回答を得られるようにした（表 6-1）。また，観光客の方々の記憶を補完し，位置関係のなかからでも探すことができるようにして行き先を尋ねるために，広く観光施設を載せた絵地図を提示し，そこに興味をもって回答してもらえるよう，シールを貼ってもらう形を採った（図 6-4）。さらには念を入れて，アニメ作品「氷菓」をどう視聴していたのかについての質問は，ほかの質問項目への回答に影響を与えないように，すべての質問を終えてから尋ねることにした。

　その結果，二日間の調査で有効回答を得られた 621 組のうち，アニメ作品「氷菓」を視聴しての観光客は，48 組にとどまることが明らかになった。これを多いとみるか少ないとみるかは，皆さんに委ねたい。アニメ作品「氷菓」を視聴していない 573 組と，視聴しての 48 組とでは，前者ではきれいに世代が分散していたのに対して，後者は過半が 20 歳代だった。ただし，大きく異なっていたのはこの年齢層だけで，男性・女性，個人・団体といった組み合わせには，さほど両者で差がみられなかった。興味深かったのは，高山市内における行動である。調査では，各組の観光客が複数以上の行き先を挙げたということは，それらの行き先どうしを行き来したと仮定し，その行き来の割合を算出した。アニメ作品「氷菓」を視聴していない 573 組は，高山駅・高山陣屋・三町（さんまち）エリアに囲まれた狭い範囲を集中的に行き来していた（図 6-5）のに対し，視聴した 48 組は，「舞台」とされたところ

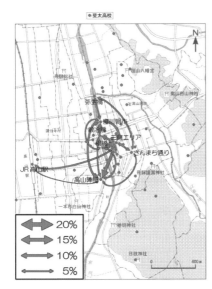

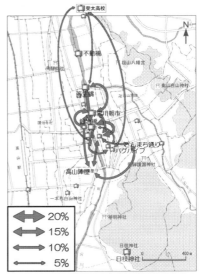

図 6-5　アニメ作品「氷菓」を視聴していない
　　　　観光客（573 組）の各観光スポット・施
　　　　設間の行き来
　　　　（5%以上の組数の行き来のみを図示）

図 6-6　アニメ作品「氷菓」において舞台とされ
　　　　た「聖地」の分布（大きな記号はオープ
　　　　ニングに登場）と同作品を視聴した観光
　　　　客（48 組）の各観光スポット・施設間の
　　　　行き来（5%以上の組数の行き来のみを図示）

を目指して広く行き来していた（図 6-6）ことが明らかになった。これこそ，「聖地
巡礼」の波及効果だろうか？

■こんな文献もあります

増淵敏之ほか 2014.『コンテンツツーリズム入門』古今書院.
山元貴継 2015. アニメ聖地巡礼（アニメ・ツーリズム）. 新地理 63-2: 57-65.
山元貴継 2021. アニメ聖地巡礼を地理教育に活かす. 歴史地理学 63-1: 42-54.
由谷裕也・佐藤喜久一郎 2014.『サブカルチャー聖地巡礼　アニメ聖地と戦国史蹟』岩田
　　書院.

第1部

第2部

第3部

7　都心居住者の職住関係を明らかにする

【元になった論文】
稲垣稜 2016. 大阪市都心部における職住関係の変化——大阪市福島区を例に. 人文地理 68：149-171.

稲垣　稜（奈良大学）

1　問題意識：都心居住者は職住近接化しているのか？

　バブル経済崩壊にともなう都心の地価下落などにより，1990年代後半以降，都心の人口増加がすすむようになった。この現象は，「人口の都心回帰」，「都心の人口回復」などとよばれ，大都市圏における近年の人口トレンドを端的に示すものとなっている。

　こうした都心の人口回復を考察する論文のなかで，「都心居住者が増加し，職住近接がすすんでいる」という趣旨のコメントをしばしば目にする。新聞等でも同様の表現で都心居住が紹介されることもある。確かに，雇用の集積する都心に居住するわけであるから，都心居住者の増加→職住近接という流れを想起しやすい。しかし，このことを本格的に検証した研究は少ない。都心で増加している分譲マンション居住者のみを対象にアンケート調査を実施し，そのなかで都心通勤割合が高いことを指摘する研究は少なからずあるが，同割合が高いか否かを判断する比較対象（分譲マンション居住者以外）の通勤動向が調査されていないため，分譲マンション居住者が果たして職住近接といえるのかは明らかにされていない。

　雇用の面からみると，バブル経済崩壊後の企業のリストラクチャリングなどにより，都心の雇用は1990年代以降減少傾向にある。つまり，都心の人口は増加しているのに，都心の雇用は減少しているのである。そうであれば，新たに都心に居住しはじめた人の職場は，必ずしも都心にあるとは限らないのではないか。言い換えれば，「都心居住者の増加＝職住近接化」とはいえないのではないか。このような問題意識から，都心居住者の職住関係の実態を明らかにしようと考え，大阪市の都心の一角を占める福島区を事例に詳細な調査を実施するに至った。

2　文献を読む

　第一に，選んだテーマの研究ではどのような調査がなされ，どのような結論が得られているのか等を，既存文献によって把握しておく必要がある。そうすることで，自分がなすべき方向性が明確になる。その際，まずは査読付き論文を優先して読むことを勧めたい。この分野では，『地理学評論』，『人文地理』，『経済地理学年報』などの学術雑誌の「論説」，「研究ノート」，「短報」などが該当する。査読（投稿された論文を他の専門家・研究者が審査するシステム）では，文献の提示の仕方，論旨の展開方法，調査の妥当性，オリジナリティの有無など，多様な側面から投稿論文が審査され，そこで掲載可能と判断された論文のみが掲載される。そのため，論文の質が一定程度保証されているとみなせる。

　もちろん，査読付き論文だけでは自分のテーマに関連する既存研究を網羅することはできないことが多いので，その場合は査読を経ていない論文も読む必要がある。注意すべきは，査読のない論文では，著者本人以外の審査がなされずに掲載されるため，著者の気づかなかったミスなどもそのまま掲載されてしまうことである。筆者（稲垣）自身，査読のない論文を執筆し，掲載後にミスに気づいたこともある（おそらく気がついていないミスもある）。査読付きの学術雑誌に投稿した際，査読者から重大なミスを指摘されたことで適切に修正できたこともある。こうした筆者の経験からも，査読付き論文とそうでない論文との間の信頼度には大きな開きがある。

3　国勢調査とアンケート調査からみる都心居住者の従業地

　ある地域の人口，通勤動向をマクロレベルで把握しようとする場合，国勢調査を利用することが多い。とくに，通勤に関する全数調査は国勢調査をおいてほかになく，信頼できる唯一の統計といってもよいだろう。国勢調査をもとに福島区の人口推移をみると（表7-1），1970年代には人口減少を示していたが，2000年代に入ってからは大幅な人口増加に転じており，「人口の都心回帰」がすすんできたことが明瞭である。国勢調査をさらに詳しく調べ，この人口増加に寄与したのは20歳代後半から40歳代にかけての人びとであることが明らかになった。従来であれば都心から郊外へ住宅を求めて移動していた年齢層が，2000年代以降，都心にとどまったり，郊外などから都心へと流入したりするようになったのである。また，居住形態別に2000年代以降の人口増減を確認したところ，分譲マンションに該当する「持ち家（共同住宅）」

表 7-1　大阪市福島区の人口推移（人口増加率は対 10 年前比）

	1970 年	1980 年	1990 年	2000 年	2010 年
人口	71,995	60,101	56,252	55,733	67,290
人口増加率		-16.5	-6.4	-0.9	20.7

（出典：国勢調査）

表 7-2　大阪市福島区における従業地別就業者数の増加率

	1970-1980 年	1980-1990 年	1990-2000 年	2000-2010 年
自宅	-37.9	-32.5	-29.6	-39.2
自宅を除く都心 6 区	-17.7	3.3	-3.1	5.0
都心 6 区を除く大阪市	3.3	10.7	5.5	8.6
大阪市外	13.2	13.5	6.7	21.9
合計	-20.1	-3.9	-5.4	2.0

（出典：国勢調査）

の増加率が最大であることも判明した。ここから，都心に居住する住宅取得層が，郊外ではなく都心内部の分譲マンションを求めるようになったことがわかった。

　次に，都心居住者の職住関係を，同じく国勢調査から把握した。表 7-2 には，1970 年以降 10 年ごとの従業地別就業者数の増加率を示している。自宅従業者の大幅減少は 1970 年代から継続する動向である。福島区の人口増加が顕著になった 2000 年代をみると，大阪市外への通勤者増加率が 21.9％と最大である。「都心居住者の増加＝職住近接化」ということであれば，都心内（ここでは「自宅を除く都心 6 区」）の通勤者が増加するはずであるが，その増加率はわずか 5.0％である。

　このように，「人口の都心回帰」がすすんだ 2000 年代以降，都心居住者は，職住近接ではなく職住分離傾向が強まってきた。その職住分離がどのようにすすんだのかを詳細に明らかにすることが次のステップである。筆者は，2000 年代以降に増加した分譲マンション居住者の職住関係を，他の居住形態と比較することで職住分離の内実に迫ることができると考えたが，残念ながら国勢調査にはそれを検証しうる調査項目が存在しなかった。そこで，筆者の知りたい情報を得るため，居住者へのアンケート調査を実施することにした。

　アンケート調査では，日本郵便が提供するサービスであるタウンプラスを利用し，JR 福島駅周辺の一定地区に居住する全世帯を対象とした。タウンプラスとは，郵送したい町丁目を指定すれば，その地区の配達可能世帯すべてに郵便物が配達されるサービスである。幸い，科学研究費を得ていたため資金的な問題はなかったが，卒業論文，修士論文を作成する学生の身分でこれを利用することは困難である。その場合は，自ら戸別訪問を行うことが必要となる。筆者も，大学院生時代に

表 7-3　居住形態別にみた回答者の従業地構成

男性

	都心6区	都心6区を除く大阪市	大阪市外
賃貸住宅	80 (74.8)	11 (10.3)	16 (15.0)
分譲マンション	112 (60.9)	26 (14.1)	46 (25.0)
持ち家一戸建て	47 (70.1)	5 (7.5)	15 (22.4)
その他	31 (77.5)	6 (15.0)	3 (7.5)

女性

	都心6区	都心6区を除く大阪市	大阪市外
賃貸住宅	113 (72.0)	17 (10.8)	27 (17.2)
分譲マンション	126 (71.2)	23 (13.0)	28 (15.8)
持ち家一戸建て	39 (78.0)	5 (10.0)	6 (12.0)
その他	27 (90.0)	3 (10.0)	0 (0.0)

(カッコ内は構成比。出典：アンケート調査)

は，対象世帯すべてを回ってアンケート調査の配布，回収を行なっていた。この努力は，費用をできるだけかけずにアンケート調査を実施しようとすれば避けて通れないものである。

　このアンケート調査の一部を紹介する。表7-3によると，男性では分譲マンション居住者の大阪市外への通勤者割合が25.0％と非常に高い。女性においては，分譲マンションおよび賃貸住宅居住者において同割合が高い。つまり，近年増加している分譲マンション居住者（とくに男性）は，他の居住形態に比べ職住分離傾向にあることが判明したのである。この点は，筆者が明らかにしたいと考えていた核心であったので，結果が得られたときの喜びは非常に大きかった。

4　論文を完成させる

　国勢調査，アンケート調査の分析が一通り終了すると，論文の作成段階となる。筆者は，都心居住者の職住分離傾向の事実を国勢調査によって提示し，その内実をアンケート調査によって検証，最後に再び国勢調査でアンケート調査結果を補強するというスタイルの章構成をとった。章構成は，研究開始前にある程度想定しておくことは重要である。これにより，自分の研究の流れがイメージでき，現地調査等が行いやすくなるからである。ただし，調査を重ねるなかで，想定していた章構成ではうまくいかなくなることもある。当初の章構成（自分の考えていたストーリー）に固執すると，必ず論旨に無理が生じるので，臨機応変に章構成を変えていく

柔軟性は必要である。

　既存文献のレビューは，通常は最初の章にもってくるものであるが，調査結果
に相当する部分よりも先に書く必要はない（もちろん，読んでおくことは必要であ
る）。というのも，先述の通り，調査を重ねるなかで，当初想定していた研究内容と
調査後のそれとが違ってくることが多々あるからである。場合によっては，新たに
別の文献を読んだり，すでに読んでいる文献を別の角度から読み直したりする必要
が出てくる。面倒な作業であるが，これを怠ると，既存文献のレビューと調査結果
の分析との間に齟齬が生じてしまうことにもなる。既存文献のレビューには，これ
までに発表されてきた数多くの論文があるなかで，自分の研究にどのような正当性
があるのかを主張する意義がある。既存文献の適切なレビューがなければ，せっか
く努力して調査を実施しても，その調査の価値が半減してしまうことにもなる。

5 おわりに：当然視されていることを疑って検証してみよう

　大都市圏構造に関するこれまでの研究は，郊外の居住と職住関係，および都心の
居住について詳細に明らかにしてきた一方で，都心の職住関係についてはほとんど
関心を向けてこなかった。この背景として，「都心居住者の増加＝職住近接化」とい
う図式を当然視するあまり，十分な検証がすすんでこなかったことがあると考えら
れる。ここでは，この図式を再考し，職住近接とは相反する状況が都心において生
じていることを紹介した。

　研究論文作成にあたって重要なのは，まずは当然視されている事柄を疑ってみる
ことである。もちろん，根拠なく何でも疑っていては研究がすすまないので，自分
なりに根拠をもって疑い，検証する必要がある。結果として，自分の予測する結果
と異なること（つまり，当然視されていることが事実である等）もあるが，研究は，
こうした試行錯誤の繰り返しである。つらくなることもあるが，試行錯誤を重ねて
得られた結果は，自分の研究に必ず役に立つものである。

■こんな文献もあります
久保倫子 2015. 『東京大都市圏におけるハウジング研究——都市居住と郊外住宅地の衰退』
　　古今書院.
富田和暁 2015. 『大都市都心地区の変容とマンション立地』古今書院.

8　ボランタリー組織をとらえる

【元になった論文】
前田洋介 2008．担い手からみたローカルに活動するNPO法人とその空間的特徴．地理学評論 81：425–448.

前田洋介（新潟大学）

　NPO（non-profit organization，非営利組織）やボランティアという言葉を聞くと，どのような活動が思い浮かぶだろうか。介護や育児をはじめとする福祉活動をイメージする人，災害や防災での活動をイメージする人，難民支援や国際協力活動をイメージする人，あるいは地域づくり活動をイメージする人など，そのイメージは人によってさまざまだろう。実際にNPOやボランティアの活動は多岐にわたっており，活動の体制をみても，多くの有給職員を雇用して大規模に活動を展開するものから，少数の無償のボランティアだけで行う小規模な活動まである。

　NPOやボランティアは，多様さがゆえにとらえることが難しいとしばしば指摘されている。たとえば，Kendall & Knapp（1995）は，そのようなNPOやボランティアを「ゆるいぶかぶかなモンスター（loose and baggy monster）」とよんだうえで，その輪郭を描こうとした。

　さらにことを難しくするのが，NPOやボランティアの呼称もさまざまな点である。組織については，たとえば，NPO，NGO（non-governmental organization，非政府組織），ボランティア団体，ボランタリー組織，慈善団体といったよび方がある。また，公的セクターや民間セクターのようなセクター（部門）としてみる際は，サード・セクター，非営利セクター，ボランタリー・セクターのようによばれることが多い。ここでは，話をわかりやすくするために総称として，組織についてはボランタリー組織を，セクターについてはボランタリー・セクターを用いていく。

　ボランタリー組織はとらえ難さの一方で，1980年代頃から世界的に社会のなかでの存在感が大きくなってきている（サラモン・アンハイアー 1996）。日本も例外ではなく，この頃から福祉分野でのボランティアが本格的に育成されるようになった。特に日本におけるボランタリー組織の台頭の大きな契機となったのが，1995

年の阪神・淡路大震災である。同震災で多くのボランティアが活躍したことで，ボランタリー組織が，社会的課題に取り組む主体として一般に認識されるようになった。そうしたなかで1998年には，特定非営利活動促進法（NPO法）が施行された。ボランタリー組織が大きな事業に取り組んだり，公的資金を活用したりする際は，法人格があるとスムーズに活動ができるが，この法律によりこうした組織が比較的容易に法人格が取得できるようになるなど，ボランタリー組織を支える制度的環境も整ってきた。

　ボランタリー組織については，その台頭と並行して地理学を含めたさまざまな分野で研究されるようになり，どこで，誰によって，どのような活動を展開しているのか，その実態がみえるようになってきている。

　もとよりボランタリー組織のどの部分に着目するのか，またボランタリー組織をどのようにとらえるのかは，研究分野や研究する人によって異なる。ここでは，前田（2008）を手がかりに，地理学からのアプローチを考えていきたい。

1　ボランタリー組織を位置づける：先行研究の整理

　今日，NPOやNGOの存在は広く知られているが，2000年頃までは必ずしもそうではなかった。図8-1は上述したNPO法によるNPO法人数の推移を表したものである。ボランタリー組織のなかでもNPO法人は中心的な主体の一つであるが，2000年代は数のうえでの成長期にあたり，NPOという言葉もこの時期に社会に浸

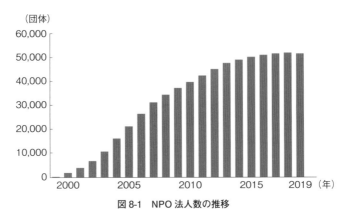

図8-1　NPO法人数の推移

（内閣府ホームページより作成。https://www.npo-homepage.go.jp/about/toukei-info/ninshou-seni（最終閲覧日：2019年11月3日））

透していったといえるだろう。

　ボランタリー組織に限らず，研究を進めていくうえではまず，とらえようとしている現象や対象を先行研究のなかに位置づけていくことが求められる。ボランタリー組織は，日本においてはその台頭が比較的最近の現象ということもあり，2000年代に入るまで日本の地理学では研究されていなかった。しかし，海外（英語で書かれた文献）に目を向けると，1970年代後半からボランタリー組織に関する豊富な研究蓄積があった。前田（2011）をもとに，研究史を少し振り返りたい。

　英語圏の地理学においてボランタリー組織が本格的に研究されるようになったのは，1970年代後半のことである。その頃，多くの先進資本主義国で福祉国家が危機を迎えていた。それにともない，政府のみならず多様な主体によって公共サービスを担うという考え方が広まるようになるなか，ボランタリー組織は公共サービスの新たな提供主体として注目されるようになった。地理学ではもともと，施設の適正配置研究をはじめ，公共サービスに関する研究が行われていたが，政府のみを公共サービスの提供主体ととらえる従来のアプローチでは公共サービスについて十分な説明ができなくなってきた。そのため，地理学でも公共サービスの担い手としてのボランタリー組織が研究されるようになった（Wolch & Geiger 1983; DeVerteuil 2000）。

　当初の地理学におけるボランタリー組織研究が注目したのが，ボランタリー組織の空間的特徴と，政府との関係性だった。前者については，組織の分布や活動資源の地域差などが分析された。また，後者については，政府の補助金などを用いて活動するボランタリー組織が自律性や自立性を喪失してしまうといった問題が検討された。もちろんボランタリー組織は公共サービスとの関係以外でも，生きがいとしてのボランティアの意味や活動を通じた場所への愛着の生成をはじめ，さまざまな観点から分析することができる。しかし，もともとの私の関心が，福祉国家の再編や多様な主体によって「公」を担うといった現象にあったので，海外の地理学研究をふまえて，日本のボランタリー組織の空間的特徴をとらえることにした。

　なお，今日ではさまざまな分野で，ボランタリー組織に関する研究が充実してきている。ボランタリー組織の研究を進める際には，まず，多分野の研究者や実務家が参加する日本NPO学会が発行する学術雑誌『ノンプロフィット・レビュー』に目を通すことをお勧めしたい。

2 NPO 法人を数える

　ボランタリー組織の空間的特徴は，どのようにとらえることができるであろう
か。上述の通り，ひとくちにボランタリー組織といってもさまざまな団体がある。
そのなかで私が着目したのは，事務所の所在地をはじめとする各組織の情報が入手
しやすい NPO 法人である。

　NPO 法人については，内閣府のホームページに情報が豊富に掲載されている。
たとえば，このホームページ内には，NPO 法人の検索ができるページもある。そ
れを使用すると，全国の NPO 法人の情報を入手することができる。上述の図 8-1
も，同ページにある情報をもとに作成した。NPO 法人についての解説もあるので，
NPO 法人に関わる研究をする際は，確認することをお勧めする（内閣府 NPO ホー
ムページ，https://www.npo-homepage.go.jp）。

　前田（2008）でも NPO 法人の組織分布の特徴を分析する際は，このホームページ

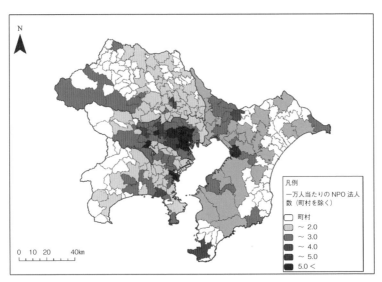

図 8-2　一都三県の 1 万人あたりの NPO 法人数

注 1：人口は平成 17 年度国勢調査による。
注 2：NPO 法人数は，内閣府のサイト内の「全国 NPO 法人情報の検索（現在の「NPO 法
　　　人ポータルサイト」）」（https://www.npo-homepage.go.jp/npoportal/）を用いて集計。
　　　NPO 法人数は 2006 年 6 月 30 日現在（2006 年 7 月 30 日閲覧）。集計は，2005 年 10
　　　月 1 日時点の市区町村を単位としたので，それ以降の合併は反映していない。

表8-1　一都三県の1万人あたりのNPO法人数の上位10市（東京特別区を除く）

市区	人口（千人）	NPO法人数		1万人あたりの NPO法人数
		全数	内閣府認証	
多摩市 *	146	75	7	5.14
小金井市 *	114	46	1	4.03
武蔵野市 *	138	53	12	3.85
鎌倉市	171	65	4	3.80
国立市 *	73	27	2	3.72
狛江市 *	78	29	3	3.70
印西市	60	21	1	3.50
立川市 *	173	60	7	3.48
西東京市 *	190	64	3	3.37
東久留米市 *	115	38	3	3.29
参考				
東京23区	8,490	5,102	1,175	6.01
横浜市	3,580	850	71	2.37
さいたま市	1,176	227	20	1.93
千葉市	924	225	13	2.43
川崎市	1,327	220	25	1.66

n=118

注1：人口は平成17年度国勢調査による。

注2：NPO法人数は，内閣府のサイト内の「全国NPO法人情報の検索（現在の「NPO法人ポータルサイト」）」（https://www.npo-homepage.go.jp/npoportal/）を用いて集計。NPO法人数は2006年6月30日現在（2006年7月30日閲覧）。集計は，2005年10月1日時点の市区町村を単位としたので，それ以降の合併は反映していない。

注3：* は東京都であることを示す。

を利用した。当時も都道府県単位での法人数の多寡を分析する研究はあったが，よりミクロなレベルで分布の特徴を分析する研究は僅少だった。そこで，東京都を中心とした南関東の一都三県を対象とし，NPO法人の分布を市区町村レベルでとらえてみた。図8-2は一都三県の市区町における人口1万人あたりのNPO法人数を，表8-1はそのうち上位10市を表したものになる。

　これらの図表をみてどのような印象をもつだろうか。私が興味をもったのは，①東京都心部に事務所が集中している一方で，②東京西部を中心とした郊外にも人口あたりのNPO法人数が多い地域がある点である。①と②の背景は分けて考える必要がある。NPO法人には国際的に活動するものから，地域に密着した活動をするものまである。そのため，①は，政府機関や民間企業と同様に，国際的あるいは全国的に活動する団体が東京都心部に事務所を置いている，すなわち，都市システムを反映した結果といえる。

　他方で②はその背景を丁寧に考えていく必要がある。私はとくに地域の福祉を担うようなローカルに活動するNPO法人に着目していたが，そのような組織の地

域ごとの多寡を検討するうえで，②の特徴は重要な点であると考え，さらに掘り下げていくことにした。その際，人口あたりの NPO 法人数がもっとも多い市である多摩市を事例とした。

3 ローカルに活動する NPO 法人の調査

　なぜ多摩市をはじめとする東京西郊に人口あたりの NPO 法人数が多いのだろうか。NPO 法人の実態が明らかになっていないことを鑑み，前田（2008）では，各組織がどのような人たちによって，どのように設立され，どのように活動を展開しているのか分析していくことにした。

　海外のボランタリー組織研究では，組織分布をはじめとする空間的特徴を分析する際に，組織への寄付金など資金面からアプローチするものが目立った。しかし，ボランタリー組織への寄付行為が一般的ではない日本において，ローカルに活動する比較的小規模な団体の組織分布の背景をとらえるには，組織の設立や運営の担い手に着目することがより有効と考えた。そこでインタビューによって，各組織の担い手の特徴を詳細に調査することにした。

　調査は，多摩市に事務所を置く NPO 法人（調査を行なった 2006 年の時点では 75 団体）を対象とした。電話や E-mail などで調査への協力のお願いをし，そのうち協力してもらえることとなった 30 団体を対象にインタビュー調査を行なった。インタビュー調査は，あらかじめ用意した質問票をもとに，事実関係の確認を中心とした構造化インタビューと，意見や考えに関する半構造化インタビューを組み合わせた形で実施した。表 8-2 は，インタビュー結果をもとに表した各組織の概要である。

　今日ではボランタリー組織に関する統計や資料も充実してきたが，それでも分析に必要な満足なデータが，既存の統計や資料で間にあうことは稀だろう。多くの場合，自ら 1 次データを収集・作成する必要がある。その際，主な調査方法としてアンケート調査とインタビュー調査を挙げることができる。私は，上述の通り，NPO 法人の実態が明らかではなかったため，インフォーマントとコミュニケーションをとりながら各団体の設立・運営の基盤を探る必要があると考え，インタビュー調査を選択した。他方で，アンケート調査を用いた地理学研究もある（たとえば，菅野 2015, 2019）。研究を進める際は，研究テーマに適した調査方法を十分に吟味する必要がある。

表 8-2　多摩市の NPO の概要

ID	設立年	活動スケール	定款上の活動分野	主な活動内容	スタッフ数	スタッフの雇用形態　（）内の数字は人数
	法人取得年		主な活動分野			スタッフの年齢・性別
No.1	1998 年頃	Local	1	高齢者向けデイサービスの運営　(A)	12	常勤有給（2）　非常勤有給（10）
	1999 年		福祉（高齢者）			40 代女性が中心　50 代 60 代男性 3 名（うち 2 名はドライバー）
No.2	1990 年頃	Local	1, 3	通所介護　(B)	17	常勤有給（1）　非常勤有給（16）
	2000 年		福祉（高齢者）	趣味活動の場の提供		40 ～ 50 代女性が中心
No.3	2000 年頃	Local	1, 2, 3, 4	勉強会	13	不定期
	2000 年		福祉（高齢者）	東京都の第 3 者評価機関としての活動		50 代以上が中心　やや男性が多い 事務に大学院生 1 名
No.4	2000 年頃	Local	1, 3, 5, 11	趣味活動の場の提供　(C) 在宅生活支援（ヘルパー）	54	常勤有償ボランティア（1）　非常勤有償ボランティア（53）
	2000 年		福祉（高齢者）			50 ～ 90 代の女性が中心　60 代がもっとも多い　60 代 70 代男性が数名
No.5	1993 年	Local	1, 3, 10, 11, 17	訪問介護・居宅介護（ヘルパー）　(B) 在宅生活支援（ヘルパー）	38	常勤有給（2）　非常勤有給（36）
	2001 年		福祉（高齢者・障がい者）			40 代後半から 50 代前半の女性が中心　男性は 1 名
No.6	1984 年	Local	1, 2, 3, 5, 17	小売店（リサイクルショップ）　(C) 公園の清掃　【報奨金】	約 30	常勤有給（3）　非常勤有給（23）　*1　非常勤ボランティア数名
	2001 年		福祉（障がい者）			40 ～ 50 代の男女が中心　ボランティアは女性
No.7	1997 年	Local	1, 3, 6, 17	移送サービス 訪問介護（ヘルパー）　(B)	約 50	事務 [常勤（1）　非常勤（2）] 事務以外（非常勤）[ドライバー（約 30）　ヘルパー（17）]
	2001 年		福祉（高齢者・障がい者）			40 ～ 60 代女性と 60 代男性（おもにドライバー）が中心．男女は半々
No.8	1998 年	Local	1, 17	障がい者就労・定着支援　(A) 障害者支援センターの運営　(A)	21	常勤有給（13）　非常勤有給（8）
	2001 年		福祉（障がい者）			20 ～ 60 代の男女
No.9	1999 年	Local	1, 10, 11, 17	在宅型子育て支援（ヘルパー）　(A) 居宅介護（B）　在宅生活支援（ヘルパー）	26	事務 [常勤有給（2）]　非常勤有給（24）
	2001 年		福祉（子育て・高齢者・障がい者）			40 ～ 50 代の女性が中心．男性は 3 名
No.10	2002 年頃	Local	1, 8, 11	居宅介護（ヘルパー）（B） 自立的生活のためのトータル・コーディネート	7	常勤有給（3）　非常勤有給（4） 20 代の男女　常勤は男性が 2 名女性が 1 名
	2002 年		福祉（障がい者：知的）			
No.11	1980 年頃	Local	1, 2, 3, 4, 10, 11	居宅介護（ヘルパー） グループホーム運営	20	常勤有給（4）　非常勤有給（16） 10 ～ 60 代の男女　女性が 3 分の 2 程度
	2002 年		福祉（障がい者・高齢者）			
No.12	2002 年	Local	1, 2, 3, 4, 5, 6, 7, 8, 9, 10, 11, 17	NPO センターの運営（事業 A）　(A) 住宅相談　調査	約 15	事業 A [常勤（3）　非常勤（約 3)] 事業 B [約 10 名]　事業 C [6 名]　事業 D [約 18 名]　*2
	2002 年		住宅・NPO 中間支援・まちづくり			20 ～ 60 代男女　事業 A の常勤 1 名はボランティア
No.13	2003 年	Local	2, 3, 5, 7, 11, 17	政策提案 有機栽培	約 15	不定期
	2003 年		環境			50 代男性が中心　女性は 1 名　その他必要時には数 10 名が集まる 全員ボランティア

表 8-2　多摩市の NPO の概要（続き）

ID	設立年	活動スケール	定款上の活動分野	主な活動内容	スタッフ数	スタッフの雇用形態 （）内の数字は人数
	法人取得年		主な活動分野			スタッフの年齢・性別
No.14	1999 年	Local	1, 2, 11	訪問介護（ヘルパー）（B）在宅生活支援（ヘルパー）	約 100	事務［常勤有給（1）　非常勤有給（1）］　事務以外（非常勤有給）［ヘルパー（約 100）］
	2003 年		福祉（高齢者・障がい者）			50 〜 60 代の女性が中心　男性は 1 割程度　中心的なヘルパーは 15 名程度
No.15	2003 年	Local	1, 2, 3, 11, 17	趣味活動の場の提供　（C）食堂	約 80	常勤ボランティア（2）　非常勤ボランティア（約 80）
	2004 年		福祉（高齢者）			50 〜 70 代の女性が中心
No.16	1995 年	Local	1, 17	小売店（日用品販売）（C）公園の清掃　【報奨金】	約 30	常勤有給（1）　非常勤有給（19）*1　非常勤ボランティア（約 10）会員は 90 名
	2004 年		福祉（障がい者）			50 代以上の女性が中心　障がい者は 20 代が中心
No.17	2001 年頃	Local	1, 2, 11, 17	障がい児の一時預かり小売店（リサイクルショップ）	23	非常勤ボランティア（23）40 〜 60 代の女性が中心　40 〜 70 代の男性が 6 名
	2005 年		福祉（障がい者）			
No.18	2004 年	Local	3, 5, 14, 17	住宅相談　調査住宅コーディネート	18	非常勤ボランティア（18）50 代の男性が中心　女性は 2 名学生が 2 名
	2005 年		住宅・まちづくり			
No.19	1976 年	Local	2, 10, 11, 17	共同保育室　（C）	11	常勤有給（4）　非常勤有給（7）20 〜 60 代の女性
	2005 年		福祉（子育て）			
No.20	2005 年	Local	1, 2, 3, 11, 17	食堂　趣味活動の場の提供在宅生活支援（ヘルパー）　配食	約 50	非常勤（約 50 名：実働約 10 名）50 〜 60 代の女性が中心
	2005 年		福祉（高齢者）			
No.21	1990 年代	Local	1, 3, 8	移送サービス	10	常勤有給（1）　非常勤ボランティア（9）　*3
	2005 年		福祉（障がい者）			20 〜 60 代の男女　男性が 8 名
No.22	2000 年	Local	1, 2, 3, 10, 11, 14, 15, 17	子どもファミリーステーション　【委託事業（民間）】民間からの仕事の受注	36	常勤有給（1）　非常勤有給（35）30 〜 40 代の女性が中心
	2006 年		女性参画・福祉（子育て）・まちづくり			
No.23	1982 年	Local	1, 2, 3, 17	共同作業所　（C）グループホーム運営	12	常勤有給（5）　非常勤有償ボランティア（3）　非常勤無償ボランティア（4）
	2006 年		福祉（障がい者：精神）			20 〜 60 代男性が 4 名　20 〜 50 代女性が 8 名　常勤は 20 〜 30 代男女
No.24	1989 年	Local	1, 17	共同作業所　（C）小売店（豆腐屋）　喫茶店	19	常勤有給（7）　非常勤有給（12）20 〜 50 代の女性が中心　男性は 30 代の 1 名　非常勤は 50 代の女性が中心
	2006 年		福祉（障がい者：精神）			
No.25	2001 年	Regional	1, 9	介護タクシー予防訪問介護（ヘルパー）（B）	3	常勤有給（1）　非常勤有給（2）常勤は 60 代男性　非常勤は 30 代女性　女性ヘルパー 1 名
	2001 年		福祉（高齢者）			
No.26	2003 年	Regional	2, 4, 5, 10, 12, 14, 15, 17	講座提供服飾関係の人材育成	15	事務［常勤（1）　非常勤（1）］　非常勤（12）
	2003 年		産業育成			20 代女性が中心　代表は 50 代男性

表8-2 多摩市のNPOの概要（続き）

ID	設立年 / 法人取得年	活動スケール	定款上の活動分野 / 主な活動分野	主な活動内容	スタッフ数	スタッフの雇用形態 （）内の数字は人数 / スタッフの年齢・性別
No.27	1998年 / 2000年	National	1, 2, 17 / 福祉（障がい者・高齢者）	デジタル図書の編集 講習	15	非常勤ボランティア（15） / 50〜60代の女性が中心
No.28	2000年 / 2000年	National	2, 3, 5, 17 / 住宅	住宅相談 調査・検査 講師派遣	約120	事務［常勤有給（正職員）1名 常勤有給（アルバイト）1名］ その他［約120名］ / 男性が中心
No.29	1994年 / 2002年	National	1, 2, 8, 10, 11, 17 / 福祉（子育て）	啓蒙活動 講師派遣	9	ボランティア（9） / 50〜70代の女性が中心 男性は70代の1名
No.30	2003年 / 2003年	National	2, 10 / 女性参画	啓蒙活動	約10	*4 / 20〜40代の女性が中心

注1：データは調査時のもの。

注2：（A）は行政からの委託事業，（B）は介護保険や支援費など利用実績に応じて公的資金を受け取る事業，（C）は行政から補助金が支出されている事業。

注3：*1は障がい者も含む。

注4：*2：人数は延べ人数。事業ごとにチームを組む形を取っており，複数参加している人もいる。また，会員以外のものが関わっている事業もある。

注5：*3：母体である任意団体の一部門としての活動。常勤スタッフは任意団体でも活動している。

注6：*4：スタッフは関連会社と兼務。関連会社は社員20名で20〜40代女性が中心。男性は4名。

注7：定款上の活動分野は次の通り。1. 保健・医療又は福祉の増進を図る活動。2. 社会教育の推進を図る活動。3. まちづくりの推進を図る活動。4. 学術，文化，芸術又はスポーツの振興を図る活動。5. 環境の保全を図る活動。6. 災害救援活動。7. 地域安全活動。8. 人権の擁護又は平和の推進を図る活動。9. 国際協力の活動。10. 男女共同参画社会の形成の促進を図る活動。11. 子どもの健全育成を図る活動。12. 情報化社会の発展を図る活動。13. 科学技術の振興を図る活動。14. 経済活動の活性化を図る活動。15. 職業能力の開発又は雇用機会の拡充を支援する活動。16. 消費者の保護を図る活動。17. 前各号に掲げる活動を行う団体の運営又は活動に関する連絡，助言又は援助の活動。

4 ローカルに活動するNPO法人の空間的特徴

　ローカルに活動するNPO法人は，どのような人たちによって，どのように設立され，どのように活動を展開していたのであろうか。インタビュー調査の分析からは，次のような結果を導き出すことができた。

　まず，設立については，設立前から存在する選択縁がベースになっているという特徴がみられた。選択縁とは，血縁・地縁・社縁（会社での結びつき）のように，

そこに身を置くことで半ば自動的に付与される縁ではなく，共通の関心や趣味など
を通じた，参加と離脱が選択できる結びつきのことである（上野 1994，上野・電通
ネットワーク研究会 1988）。こうした結びつきと NPO 法人の設立との関係は，次
のような発話をみるとイメージしやすくなるだろう。

[発話 1]：「（生協の）組合員のつながりから生まれたんです。（生協のなかの）
同じような志をもった人たちが，集まってやろうということで，当初は細々と
ボランティア的にやっていたんです。そんなボランティアでやっていると，や
る人がどんどん減ってきちゃうから，ちゃんと払うものは払ってやらないと続
かないんじゃないのということで，No.2 を設立した。」

[発話 2]：「（多摩市主催の子育てに関する）講座に参加するなかで出会った何
人かがわりと意気投合して，何か自分たちでこの先子育てしながら地元で少し
でも働いたりとか，社会参画したりすることを一緒に考えるグループ（その後
No.22）をつくろうよということになったんです。」

[発話 1]のケースでは生協のつながりをもとに，[発話 2]のケースでは行政の講
座を通じたつながりをもとに，それぞれ介護系の NPO 法人とまちづくり系の NPO
法人とが設立されている。途中でスタッフの新規参加や離脱が起きることも珍しく
ないが，その後の活動の展開もおおむね設立時の選択縁がベースになっている。
　では，どのような人たちによる選択縁なのだろうか。有給のスタッフかボラン
ティアかに関わらず，表8-2からも読み取れるように，40代以上の女性が中心と
なっている組織が多くみられた。たとえば，高齢者向けの福祉事業を行なっている
NPO 法人の代表は，団体のスタッフの特徴について次のように述べている。

[発話 3]：「圧倒的に女性です。男性は本当に数えるほどしかいない。……女性
はだいたい専業主婦ですね。あと，パートでお仕事されている人も何人かいま
すね。……主婦の集まりやすい空間だと思うの。……（男性は）リタイヤ組で
すね。」

私がさらに注目したのは，この選択縁の空間的特徴である。

表8-3　スタッフの居住地と属性（インタビュー調査から作成）
出典：前田（2008），p.441 を一部改変。

| No. 16 | | | | No. 17 | | |
居住地	性別	年齢（代）		居住地	性別	年齢（代）
多摩市貝取	男性	60		多摩市一ノ宮	男性	70
多摩市諏訪	女性	50		多摩市桜ヶ丘	男性	70
多摩市諏訪	女性	50		多摩市貝取	女性	60
多摩市貝取	女性	50		多摩市永山	女性	60
多摩市貝取	女性	50		多摩市永山	女性	60
多摩市豊ヶ丘	女性	50		多摩市永山	女性	60
多摩市桜ヶ丘	女性	50		多摩市永山	男性	60
多摩市唐木田	女性	50		多摩市諏訪	女性	60
八王子市別所	女性	50		多摩市聖ヶ丘	女性	60
稲城市百村	女性	40		横浜市緑区	男性	60
多摩市諏訪	男性	30	*1	多摩市豊ヶ丘	女性	50
多摩市馬引沢	女性	30	*2	多摩市豊ヶ丘	女性	50
多摩市一ノ宮	女性	30	*1	多摩市豊ヶ丘	女性	50
多摩市貝取	男性	20		多摩市豊ヶ丘	男性	50
多摩市豊ヶ丘	男性	20	*1	多摩市落合	女性	50
多摩市落合	女性	20	*1	多摩市落合	女性	50
多摩市聖ヶ丘	女性	20	*1	多摩市関戸	女性	40
多摩市聖ヶ丘	男性	20	*1	多摩市豊ヶ丘	女性	40
日野市平山	男性	20	*1	多摩市永山	女性	40
日野市	女性	20	*1	多摩市永山	女性	40
				多摩市和田	女性	40
				多摩市連光寺	男性	40
				日野市落川	女性	40

注1：No.16 は有給スタッフのみ。

注2：*1 は障がい者。

注3：*2 は常勤有給スタッフ。

［発話4］：「全員がそうというわけではないんだけど，向かいの隣人より遠くの隣人なのよ。だから，同じ棟の人とか，お隣さんとかとは仲良くしたくないんだけど，違う地域とか，違うところの人とは仲良くしたい特性があるんだよね。」

　［発話4］から，選択縁に独特な心理的・物理的距離があることがうかがえないだろうか。表8-3は，多摩市諏訪（No.16）と多摩市豊ヶ丘（No.17）を拠点としている，障がい者福祉に関する活動を行なっている二つの団体のスタッフの居住地を表したものである。ここから，スタッフの居住地が周辺の自治体も含めた地理的広がりをもっていることがわかる。

　行政や町内会等と異なり，NPO法人の活動は行政区域に縛られるわけではな

い。また，その活動を支える人びとの結びつきも，行政区域とは無関係に形成される。しかし，どこまでも広がるわけではなく，活動やつきあいに応じた適度な範囲に収まる特徴がある。

5 分析結果から何がいえるのか

　学術論文では一般に，分析結果を先行研究に照らしながら考察していくことが求められる。以上のような，ローカルに活動するNPO法人の特徴から，どのようなことがいえるであろうか。私は先行研究をふまえ，次のようなことを考察した。

　多摩市に人口あたりのNPO法人の数が多い背景の一つは，ローカルに活動するNPO法人を支える結びつき（選択縁）が充実している点だといえるだろう。また，この豊かな結びつきは，多摩市が東京大都市圏の典型的なベッドタウンであることと関係すると考えた。この結びつきの主たる担い手は，40代以上の主婦を中心とした女性だった。この地域は，性別役割分業を前提とした労働力の再生産の場と特徴づけられる。この再生産領域の主な担い手である彼女たちが，子育てが落ち着いてきたころにネットワークを構築していき，福祉やまちづくりをはじめさまざまな活動を展開していっていたと考えられる。

　表8-1にある多摩市以外の市区をみても，東京大都市圏のベッドタウンとして機能してきた地域が多くなっている。多摩市を含め，東京西郊は比較的高所得世帯の割合の高い地域であり，経済的にも新しい活動に踏み出しやすい環境であったと推察される。つまり，ローカルに活動するNPO法人の空間的特徴の背景には，担い手が選択縁を育みやすい社会的・経済的条件があったと考えられる。

　冒頭の話に戻ると，ボランタリー組織は新たな公共サービスの主体としても注目される。しかし，ローカルに活動するボランタリー組織の空間的特徴をふまえると，ボランタリー組織に公共サービスを頼ることが，サービス水準の地理的不均衡を惹起する可能性に留意する必要があるだろう。

6 今後のボランタリー組織研究に向けて

　この研究の調査を行なった時点からすでに15年近く経過している。あらためて図8-1をみると，私が調査を行なっていた頃をボランタリー組織の成長期だとすると，現在は成熟期に差し掛かっているといえるだろう。ボランタリー組織を支える

制度も充実してきているし，有給の常勤スタッフを多く抱える大規模な組織も増え
てきた。また，卒業後に NPO や NGO に就職する学生も珍しくなくなってきた。
ボランタリー組織の実態は大きく変わってきている。

　また，上述した社会や経済，都市のかたちもこの間，大きく変わってきている。
たとえば，社会については女性の社会進出に象徴されるように，フォーディズム型
のジェンダー役割や家族のかたちが変化した。また，経済も，公共サービスをめぐ
っては緊縮財政基調が続くなか，民間への期待が一層高まっている。さらに，都市
も，大都市圏を中心に，人口の都心回帰が進むなど，かつての働く場所（都心）と
住む場所（郊外）への機能分化が変化してきている。

　今後，こうした変化をふまえたうえで，ボランタリー組織の特徴をあらためてと
らえなおしていくことが必要だろう。

■引用文献
上野千鶴子 1994.『近代家族の成立と終焉』岩波書店.
上野千鶴子・電通ネットワーク研究会 1988.『「女縁」が世の中を変える――脱専業主婦の
　ネットワーキング』日本経済新聞社.
サラモン，L. M.・アンハイアー，H. K. 著，今田　忠監訳 1996.『台頭する非営利セクター
　――12 カ国の規模・構成・制度・資金源の現状と展望』ダイアモンド社. Salamon, L.
　M. and Anheier, H. K. 1994. *The Emerging Nonprofit Sector: An Overview*. Maryland:
　The John Hopkins University Press.
菅野　拓 2015. 社会問題への対応からみるサードセクターの形態と地域的展開――東日本
　大震災の復興支援を事例として. 人文地理 67：371-394.
菅野　拓 2019. 公益法人制度改革後の一般法人・公益法人の構成――東日本大震災被災 3
　県を事例として. ノンプロフィット・レビュー 19：91-99.
前田洋介 2011. 地理学におけるボランタリー・セクター研究の展開――英語圏の研究を中
　心に. 地理学評論 84：220-241.
DeVerteuil, G. 2000. Reconsidering the legacy of urban public facility location theory in
　human geography. *Progress in Human Geography* 24: 47-69.
Kendall, J. and Knapp, M. R. J. 1995. A loose and baggy monster: boundaries, definitions
　and typologies. In *Introduction to the Voluntary Sector*, ed. J. D. Smith, C. Rochester,
　and R. Hedley, 66-95. London: Routledge.
Wolch, J. R. and Geiger, R. K. 1983. The distribution of urban voluntary resources: An
　exploratory analysis. *Environment and Planning A* 15: 1067-1082.

68

■こんな文献もあります

影山穂波 2004. 『都市空間とジェンダー』古今書院.

菅野　拓 2020. 『つながりが生み出すイノベーション――サードセクターと創発する地域』ナカニシヤ出版.

関村オリエ 2018. 『都市郊外のジェンダー地理学――空間の変容と住民の地域「参加」』古今書院.

埴淵知哉 2011. 『NGO・NPO の地理学』明石書店.

Milligan, C. and Conradson, D. eds. 2006. Landscapes of Voluntarism: New Spaces of Health, Welfare and Governance. Bristol: The Polity Press.

9　SNS を用いた外国人への
インタビュー調査

【元になった論文】
張耀丹・阿部康久 2020．在外中国人による日本での投資用住宅購入と選好パターン
　　——京阪神大都市圏と東京大都市圏における購入者へのインタビュー調査に基づ
　　いて．都市地理学 15：152–162．

阿部康久（九州大学）

　本章で取り上げる論文は，日本国外に居住する中国人の個人投資家を対象とした
インタビュー調査に基づいて，住宅購入の動機や購入する住宅の形態・購入地域に
ついて検討したものであるが，ここではおもにインタビュー対象者の集め方や，そ
の他の調査手法についての紹介をさせていただく。

1 研究したいテーマはあるけど調査方法がわからない！

　調査方法の問題は，筆者が大学の教員になり，学生さんの論文執筆のお手伝いを
するようになってみて，一番頭が痛くなる問題である。筆者は現在，おもに大学院
の学生の指導を担当する組織に属しているが，入学してくる大学院生のほとんどが
中国からの留学生である。本章で取り上げた論文も，教えている大学院生である張
さんの博士論文の一部になった原稿なのだが，中国人の学生にとっては言語の問題
がないはずの中国人に対してインタビュー調査をする場合でも，調査対象者をどう
やってみつけるかという点は難しく，大きな課題になった。

　日本では，2003 年に個人情報保護法が成立して以降，個人情報保護への意識が高
まってきて，それ以前に比べると個人情報を扱う調査が格段に難しくなっているの
が実情である。調査を依頼する際には，個人名が特定されるような形での公表はし
ないこと（アンケート調査を行う場合は統計的に処理すること）等を説明し，調査
への許可を得る必要がある。

　今回，例に挙げた論文では，調査対象者が中国在住で日本の不動産を購入した個
人投資家の方たちであったことが幸いして，調査への協力や情報公開への同意が得
やすかったが，近年では日本人や日本在住の外国人居住者を対象としたインタビュ

ー調査は難しくなっており，調査ができたとしても研究成果として公表することができない場合もある。個人的には，大学院に進学する等して研究を続けていく場合は，このような課題があり，短期的な研究成果を出すことが難しくなっていることに注意しておく必要がある。

2　インターネットや SNS を利用して調査対象者を確保

　それはともかくとして，この論文では，日本の都市に住宅等を購入した中国人個人投資家に対してインタビュー調査を行い，中国人個人投資家の，日本での住宅購入と購入動機について調べたのだが，調査対象者の確保と選定については，以下の方法を使うことになった。

　すなわち，中国には，調査時点でもっとも普及している質問サイトとして「知乎」というサイトがあり，その連絡機能を利用して対象者を選定している。この「知乎」という質問サイトでは，回答者に対して，直接連絡を取ることができるので，中国人の日本での住宅購入についての質問に対して回答した人にメッセージを送り，実際に日本で住宅を購入した人でインタビュー調査に回答してくれる人を探した。この他にも，不動産業者に勤める知人を通じて調査対象者を紹介してもらうという伝統的な方法により，調査対象者を集めることも行なった結果，中国在住で日本の不動産に投資した 21 人（「知乎」経由で 18 人，不動産会社経由 3 人）に対してインタビュー調査を行うことができた（表 9-1，元論文の表 2）。

　調査に協力してくれる人には，より情報のやり取りが容易にできる SNS（ソーシャルネットワークサービス）である「微信（WeChat）」を使い，より詳しい情報を収集した。この「微信」という SNS は，原稿を執筆した 2020 年の時点では，中国ではもっとも代表的な SNS であるため，日本人の読者の方でも御存知の方も多いのではないかと思うが，基本的には日本で普及している LINE に似た SNS である。たとえば，通常のインタビュー調査であれば，調査対象者に 30 分〜 1 時間程度のまとまった時間を取ってもらう必要があるが，「微信」であれば，調査対象者は空いた時間に少しづつ質問に答えることもできる。加えて「微信」では，メッセージを録音して送受信することができ，文字入力による回答をする必要がないため，回答者にとっては，調査に応じることへの抵抗感が少ないようである。調査者にとっても，回答内容を録音しておくので（ただし古いものから順番に自動的に消えていくので調査後すぐに文字起こしをしておく必要がある），回答内容を聞き漏らし

表 9-1　調査対象者の概要

ID	性別	年齢	職業分類（職種）	世帯構成	居住地
1	男	30 代前半	民泊経営者	C&C	青島市
2	女	20 代後半	E	S	北京市
3	男	30 代後半	W	C&C	上海市
4	男	30 代前半	カメラマン	C&C	上海市
5	女	30 代後半	W	C&C	北京市
6	女	20 代後半	W	S	上海市
7	男	30 代前半	W	C	上海市
8	男	30 代前半	W（P）	C&C	杭州市
9	女	30 代後半	W	C&C	上海市
10	女	30 代後半	W	C&C	
11	女	20 代後半	W＋民泊経営者	S	上海市
12	女	30 代前半	W	C&C	
13	女	30 代前半	医師	C	上海市
14	女	30 代後半	W	C&C	
15	男	30 代前半	W（P）	C&C	
16	男	30 代後半	W	C&C	北京市
17	女	20 代後半	H	C	成都市
18	男	30 代前半	W（P）	C	杭州市
19	女	30 代後半	W	C&C	北京市
20	女	20 代後半	W	S	
21	女	50 代前半	W	C&C	

職業分類では W はホワイトカラー，E は民泊以外の自営業者，H は専業主婦，括弧内は職種で P は
プログラマー。世帯構成は S はシングル，C は夫婦，C＆C は夫婦と子どもによる世帯を指す。調
査対象者は元論文の表 2 の購入地域に基づいて分類・表記した（インタビュー調査による）。

たり，誤解したりする心配も少ない。

　インタビュー調査の方法としては，表 9-1 の内容に加えて，あらかじめ定めた質
問項目を中心に話をしてもらうなかで，調査対象者自身から，より詳細な購入事情
や購入地の状況などについて自由に語ってもらう，半構造化インタビューという手
法での調査を行なった。このような手法により，日本での住宅投資に注目した理由
や実際の購入地域や購入した住宅の形態，購入資金等についてインタビューを行な
っていった。

　以上のように，この論文では，中国で普及しているウェブサイトや SNS を利用し
て，調査対象者を集めた。日本にも，類似のインターネット等のツールがあると思
うので，それらを駆使して調査対象者を集めるのも一案だと思う。ちなみに論文の
なかでは書かなかったのだが，調査対象者には，800 ～ 1,600 円程度の謝礼を払うこ
とを条件に協力を依頼している。この論文では 21 人の調査対象者にインタビュー
を行なっているので，合計で 20,000 円以上はお金がかかっているが，確実に研究成
果を出したいと考えるのなら，許容できる支出であると考える。ちなみに「微信」

には，個人間でお金をやり取りすることができる機能もあるため，謝金の支払いも簡単に行うことができる。この調査では中国の方たちを対象とした調査であり，調査に際して「微信」が大いに役立ったが，筆者は別に「微信」の宣伝をしたいわけではない。調査を行う際には，よい調査手段がないかということや，調査手段以外の面でも，伝統的な研究のやり方にこだわらず，研究を円滑に進めるための知恵を絞るのは重要だと言いたいのである。

3　インタビュー項目の選定・修正と実際の調査の進め方

　次に調査項目の決め方について説明したい。調査項目は大まかに言えば，1. 調査対象者自身の属性（年齢，性別，職業，居住地等）に関するもの，2. 実際の調査目的・内容に関するもの，の二つに分類できる。この論文でいえば，1. に関する調査は表1で，2. に関する調査は表2（本章の表9-1）でまとめている。論文を書くうえで2. に関する調査が不可欠であることは言うまでもないのだが，1. についての情報も，調査対象者の研究対象全体のなかでの位置づけを検討するために必要になる。しかしながら，1. には，個人情報的のなかでももっとも敏感な内容が多く含まれるため，聞きづらい内容であることが多い。そのため，筆者の場合は，インタビュー調査を行う際には，2. に関する内容から先に聞きはじめ，ある程度打ち解けてきた段階で1. に関する質問を行うようにしている。また，収入や年齢といったとくに敏感な質問については，一番最後に聞くことにしている。あるいは，機械的に回答できる項目については，アンケート票を作成しておき，調査対象者にその場で記入してもらうこともある。

　また，調査対象者の負担を考えると，質問項目は，調査をはじめる前に十分に検討しておき，必要そうなものだけに絞っておく必要がある。ただ，実際に調査をはじめてみると，事前に想定していなかった項目が重要になってくる場合もある。そのため，最初の2〜3人に調査をした後で，質問項目を練り直すこともある。そのため可能であれば，最初の方でインタビューをした人には，聞き漏らした内容を補足調査できると理想的である。

4　調査結果のまとめ方

　以下では，このような方法によって集めたインタビュー調査の結果を，どのよう

にして論文としてまとめたのかという点について説明していく。

　まず，先行研究の収集・整理により，研究目的を明確化していくことは非常に重要なのだが，この点は他の章にて詳しい説明があるので，そちらを参考にされたい。ただ，少なくとも卒業論文の水準では，当該分野の理論的・実証的研究を幅広く読んで包括的にまとめるのは，難しくなっているのではないかと考える。とくに新しい研究テーマを扱う場合であれば，先行研究として挙げられる研究自体が少ないということはありえる。このことも考えると，研究目的・方法の設定のために実質的に参考になる文献を数本程度しか確保できない場合もあると，個人的には考えている。

　また，インタビュー調査の結果をまとめる際には，①日本への不動産投資を行う外国人のなかでの中国人投資家の位置づけ，②中国人の不動産投資先のなかでの日本の位置づけ等を示せる資料・統計を収集し，調査対象者である中国人の個人投資家の日本での不動産購入の際の選好パターンが，外国人不動産投資全体のなかでどのように位置づけられるのかという点を説明するようにした。

5　調査結果のまとめ

　調査結果としては以下の点を指摘することができた。対象者が日本の住宅を購入することを決めた動機や背景としては，①他の国・地域と比較検討したうえで日本の住宅購入を選択した「投資効率重視型」と，②最初から何らかの理由で日本に対して関心があり，日本の住宅に絞って購入を検討した「日本指向型」の二つのパターンがみられる。①に該当する購入者では，日本の住宅市場の安定性，住宅価格の割安感，賃貸住宅の利回りの高さといった経済的メリットを重視して日本での住宅購入を決断している。その一方で，②に該当する購入者では，日本観光の経験があり日本の自然や都市の生活環境が気に入ったという人や，中国で日本に関する職業に従事しており日本事情に詳しいからという人，将来は自身が日本に居住・滞在したいからという人の例がみられた。

　調査対象者が購入した住宅の選定基準としては，全体的にみると自身が居住することは主な目的ではないため，賃貸に出す場合の利回りや将来的な売却価格の安定性といった資産価値を重視しながら住宅を選定した人が多い。具体的には，購入した住宅の類型としては，新築住宅に比べると売却する際に購入価格に対して販売価格が下がりにくいことや利回りが高いことにより，資産価値を維持しやすいと考え

られている中古マンションを選択した人が多い。また，一戸建て住宅を選択した人の場合では，近年増加している外国人観光客向けの民泊用住居として運用するために購入を決めた人の例がみられ，賃貸収入を得て運用することを前提として住宅を購入した人が多いといえる。購入資金については，ある程度の自己資金を用意できる中高所得者層に属する購入者が中心になっていた。

また購入した地区の地理的な特徴として，中心市街地や商業施設への利便性が高い地域が好まれ，とくに住宅の資産価値が高く，将来的にも資産価値を維持しやすいとみられる大阪市と東京都を中心に住宅を購入した調査対象者が多い。とりわけ，調査対象者である中国の中高所得者層の間では，大都市のなかでも，大阪市内の住宅への投資が人気化している可能性がある。大阪市の住宅を選択した具体的な理由として，調査対象となった中国人の購入者にとって，大阪は都市の知名度や訪問経験において東京に劣らない地域であるにもかかわらず，東京に比べると賃貸利回りが高く，実際の購入価格も割安である点が評価されている点を指摘した。

6 実際に卒論を書いてもらう際に重要なこと

以上，いろいろなことを書かせてもらったが，実際に「卒業論文」にどのような水準を求めるべきかということは，少なくともこの節では言及することはできない。筆者が学部生だった 20 年以上前の時点では，大学院進学を目指すのであればという条件ではあったが「地理学の全国的な学会誌に短報・研究ノートとして掲載されるレベル」を求められていた。しかしながら，上述したように現在では，①個人情報の管理が厳しくなっている点，②（その結果かどうかはわからないが）学会誌への掲載論文数自体が減少しているため，参考にできる水準自体がわからなくなっている状況である。そのため，実際に卒論を書こうとしている学生の皆さんには「指導教員とよく相談すること」で，適切な水準の論文を書きあげることをお勧めしたいと思う。

■こんな文献もあります
久保倫子 2015. 『東京大都市圏におけるハウジング研究』古今書院.
張耀丹 2020. 東京大都市圏における中国人ホワイトカラー層の住宅の購入動機と選好パターン──インタビュー調査を用いて. 地理学評論 93：1–16.

10 地場／地域産業で卒論を書く
どう調査し，どう結果を学術的に解釈するか？

【元になった論文】
立見淳哉 2000.『地域的レギュラシオン』の視点からみた寒天産業の動態的発展プロセス——岐阜寒天産地と信州寒天産地を事例として．人文地理 52(6)：20-42.

立見淳哉（大阪市立大学）

1 卒論執筆の進め方：地場／地域産業編

　ここでは地場産業を例に，卒業論文執筆に向けて産業をどうやって調査し，その結果をどう一般化していくのかを考えてみたい。地場産業とは，特定の地理的範囲に集積した地元資本の中小企業が，多くの場合は分業し，広域的な市場に向けて生産活動を行うような産業を指す。全国各地に分布する繊維製品，家具，陶磁器，木工品，等々の生産に従事する産地をイメージしてほしい。最近なら小洒落た雑貨屋さんにおいてあるクラフト製品なども，地場産業地域でつくられたものが多い。地場産業は身近な存在で関心が湧きやすいし，資源・気候・歴史的経緯などの地域性を反映した産業であることから，地理学の卒業論文の題材としても適している。また，産地の企業数は数十社程度であることが多く，東大阪など何千社も存在する有名な工業集積地域に比べて，大多数の企業に訪問可能で産地の構造を実感をもってとらえることができるなどの利点がある。頑張れば，悉皆（＝全数）調査も可能かもしれない。

　まず，具体的な内容に進む前に，卒業論文が，論文とよばれる独特の約束事や形式を備えた文章であることを理解することからはじめたい。卒業論文一般の書き方の詳細は関連の書籍などを参考にしていただくとして（たとえば戸田山（2012）），ここでとくに強調しておきたいのは，特定の課題を与えられるレポートとは違って，論文では自分で解明すべき課題を設定しなくてはならないことである。つまり論文の執筆には，ある特定のテーマ，ここでは地場産業が置かれている状況を把握し，明らかにするべき「問い」を設定したうえで（これが論文の「目的」ともなる），それに明確な答えを提示する作業が求められる。

　しかし，この「問い」を設定する作業がなかなか大変であり，おそらくベテランの研究者を含めて皆が頭を悩ますことになるものである。この際，「地場産業の将来展望は何か」とか，あまり大きすぎたり曖昧な問いを立てると手に余るし，明確な答えを出すことができない。かといって，あまりにも小さすぎる問いを立てると，そもそもあえて取り組む意義があるのかと疑問視されてしまう。適切な問いを構想するためには，各種資料（新聞，雑誌，白書類，一般書籍）などを基にある特定の対象をめぐる情勢や課題を調べながら，学術雑誌や専門書に掲載された論文が何を問題にしてきたのかということを把握し，重要だが十分に解明されていないことを突き止める必要がある。

　論文では「1 はじめに」が全体の設計図に相当するが，ここで対象をめぐる状況と課題（研究の背景／問題の所在），問い（目的）を明示して，目的を達成するためにどういった手続きをとるかを示さなくてはならない。手続きというと大仰だが，具体的な地域をケーススタディとして選んだ理由や調査方法（統計調査，資料調査，インタビュー調査）などを説明しておく。たとえば，地場産業地域であれば，多くの産地が，社会的分業（各工程に専門化した企業間の分業）による効率的な生産の仕組みを基に発展してきたが，1980 年代半ば以降，海外需要の消失，消費者ニーズの変化・多様化によって産地規模を劇的に縮小させるとともに，生産・流通構造の再編を求められてきた。こうした一般的な状況をふまえたうえで（研究の背景），産地企業がどうやって「商品の魅力」を高めることができるのかが重要な課題になっていることを示し（問題の所在），それが具体的にどのようにして可能なのか，さらにそれがどのような産地の変化を必要とするのかなどの問い（研究の目的）を立て，そうした取り組みを行なっている地域をケーススタディとして，具体的な回答を探していく。

　私の場合，すでに 20 年前になるが，卒業論文のテーマとして地場産業研究を選択し，岐阜県山岡町と長野県諏訪湖周辺地域という二つの寒天産地の比較検討を行なった。岐阜寒天産地と信州寒天産地は日本の二大寒天産地であるが，産地発展の歴史，原材料，生産技術，企業間関係，市場など多くの点において異なっている。つまり，同じ「寒天」を生産しているにもかかわらず，生産から流通に至るほとんどの要素において違いがみられるのである。私はこのことに興味を覚え，どのような歴史的な過程のなかで，両産地が寒天生産の仕組みをつくりあげていったのか，そしてその仕組みはどのように機能しているのか（生産活動を調整しているのか）を明らかにしたいと考えた。具体事例の選定には，論文執筆上の正当な理由づけが

何よりも重要である。ただし，自身が対象に興味をもてるかどうかも，実は大切な要件である。このことは対象を深く掘り下げるモチベーションと関わってくるからである（正直に言って寒天は好物の一つである）。このほか，調査対象地が頻繁に訪問できる場所にあるかどうか，調査協力が得られる雰囲気やツテがあるかどうかといったことも，加味すべきポイントである。

　寒天産地の比較研究は修士課程に進学後，大幅な加筆修正を施したうえで地理学分野の学術雑誌に投稿し，冒頭の「元になった論文」として掲載された。以下では，この論文をサンプルにしながら，フィールド調査における留意点や得られた知見の一般化のしかたについて紹介していくことにしたい。

2　地場産業産地をどうやって調査するか

　フィールド調査にあたっては，現地でしか入手できないような資料やデータを収集すると同時に，企業や個人に対してインタビュー調査を実施することになる。インタビュー調査は，工業統計や経済センサスなど公的統計や文献資料では得られない豊富な情報を与えてくれるため，産業や企業の実態をより深く理解するうえで不可欠である。

　調査の進め方に決まりはないが，私の場合は，まずはプレ調査として，市役所・公設試験研究機関（〇〇試験場や〇〇技術センターなど）・産地組合など関連機関の担当者にアポイントを取ったうえで訪問することが多い。そこで，産地の特徴／課題／政策支援などを教えてもらうとともに，資料をいただいたり，企業の紹介など今後の調査協力を依頼したりする。

　なお，企業とアポイントをとる際も同様だが，あらかじめメールや郵送で調査趣旨等を記載した依頼状を送っておき，そのあとに電話確認をするのが丁寧で確実である（依頼状のサンプルは水野（2007）を参考にしてほしい）。また私は，訪問時には，お菓子類など相手が気を遣わない程度（500円から1,000円くらいだろうか）のお土産を渡すことにしている。カメラやボイスレコーダーなどの記録用の道具（使用に際してはインタビュー相手への確認が必要。世代や人にもよるが，相手の心証上，スマホは避けたほうがベター），予備の電池，筆記用具，名刺なども忘れないように準備しておきたいし，調査後にはハガキやメールでよいのでお礼状を送る必要がある。

　訪問に先立って重要なのは，事前に情報収集をしっかり行なっておくことであ

78

る。産地の歴史や特徴などは文献や統計データで確認し，訪問先の機関・企業にホームページがあれば，それも確認しておくことが望ましい。地場産業研究においてはまず，産地の社会的分業構造とよばれる企業間分業関係を流通構造とセットで把握することが必要である。現地でも産地組合等で説明を求めると同時に，事前に文献で調べておくのがよい。従来の分業・流通構造がどのように組織され，どのように変化しているのかは，産地の競争力や課題を理解するうえで重要なポイントになる。産地の仕組みや課題，調査方法を知るうえで，上野和彦（2007）『地場産業産地の革新』はコンパクトな本だが大きな助けとなる。

　寒天の調査では，公設試験研究機関も訪問したが，産地組合の協力が非常に重要な意味をもった。地場産業地域では産地組合が詳細な企業情報を保有していることが多く，寒天産地についても同様で，企業数，生産量，労働者数とその出身地などを経年的に把握していた。これによって，産地規模の変化だけではなく，出稼ぎ労働力の供給元が地理的にどのように変化してきたのかを知ることができた（表10-1）。農業就業人口が勤労者社会に吸収されていく過程で，出稼ぎ労働者の出身地も遠隔化し，信州産地では1990年代後半には北海道まで募集に出向きなんとか労働力を確保している様子がわかる。

　企業へのインタビュー調査は二回実施したが，初回を3年生の冬，1999年2月に実施した。というのも，寒天は冬の寒暖差を利用して生産されるため，生産現場の

表 10-1　信州産地における労働者数の推移

年次 年	長野県		新潟県	山梨県	秋田県	青森県	岩手県	北海道	その他	合計
	諏訪郡	その他								
1972	256	416	123	21	0	0	0	102	1	919
1975	272	267	96	10	57	0	0	70	2	774
1977	347	202	105	9	45	17	15	107	2	849
1979	365	163	79	5	46	2	6	110	2	778
1981	381	116	84	5	37	1	0	127	7	758
1983	378	99	77	6	18	3	0	138	7	726
1984	356	88	67	5	21	0	1	168	3	709
1985	307	87	62	4	16	0	1	200	4	681
1987	282	67	46	2	12	1	0	183	5	598
1989	299	38	29	7	10	0	0	177	7	567
1991	252	33	27	5	14	1	2	149	10	493
1993	226	29	20	3	11	3	6	126	6	430
1995	242	27	19	1	6	6	5	116	8	430
1997	196	12	8	0	2	0	5	94	7	324

出典：長野県寒天水産加工業協同組合資料より作成。

様子を実際の目でみる機会は冬以外にはありえない。しかも，卒論提出間際の4年生の冬では間にあわない。こうして，寒さは苦手なのだが酷寒のなかで調査を実行し，信州産地では早朝の作業に立ち会わせていただくことができた。寒天産業は出稼ぎ労働力に依拠しているが，数か月間集団生活を送りながら寒天製造に従事する人たちから話をうかがい，宿舎の様子なども見せていただけたことは，寒天製造における労働実態や製品品質を理解するうえで貴重な経験となった。やはり身体的な経験は大切で，読書からは得られない衝撃のようなものがあった。

　翌年8月にも調査を実施し，岐阜産地では全企業にあたる19社に，信州産地では28社のうち25社にインタビューを行なった。表10-2のように整理して論文で使用することを考慮して，インタビューに際しては共通の質問項目を定めておくと便利である。インタビュー調査では豊富な質的情報を得ることができるが，その結果から産業全体の動向を考察する際には，特定企業のバイアスがかかってしまう恐れがある。そのため，できる限り多くの企業から話を聞くことが望ましい。そうはいっても実際には容易ではないが，寒天産地は幸いにも小規模でおよその全数調査が可能となった。企業調査に際しては，組合からインタビュー先の企業を紹介していただくことも少なくないが，多面的な視点から産地を考察するためには，自分で連絡をとって，組合に未加入の企業にもインタビューを行う必要がある。組合加入企業とアウトサイダーの企業で産地の現状・課題認識に違いがあったり，異なる利害を有している可能性もある。

　インタビュー調査とあわせて，統計資料や文献資料の読解も進めていく。この論文では，入手できる統計資料を整理して自分なりに概要を把握すると同時に，産地の産業活動を支えるさまざまな仕組みと，それらが形成されてきた歴史的な経緯を文献からできるだけ丁寧に把握していった。こうして得た知識はインタビュー調査での質問に生かされるし，反対に，インタビュー調査で感じた重要ポイントや疑問を手掛かりに，資料・文献の読解をすることで，理解が深まっていくのである。

　こうして得られた成果をもとに，卒論ゼミの先生から指導を受けつつ卒業論文を執筆した。文献／フィールド調査を通じて「発見」し，とくに重要であると感じたものを思いつく限り列挙しながら，両産地の発展を支える要素とその形成・変化をとらえようとした。具体的には，生産量・輸出入量の推移や産地の歴史的経緯を明らかにしたうえで，材料，製品の品質，流通の経路，販売相手（市場），労使関係，企業間の関係，取引関係，価格決定権の検討から産地構造の違いとその形成過程を描き，最後に産地縮小への対応の違い（企業の分類）を検討した。これによって，

表 10-2　信州寒天産地における企業の経営状況

企業 No.	経営形態	取引社数 (社)	年間売上額 (万円)	原料購入先	操業年 (年)	今後の事業展開の方針
1	製造，問屋	100 社	30,000	入札，商社	1829	業務用に重き
2	問屋	210 社	50,000	入札，商社	1932	R&D，高付加価値の製品を開発，寒天にこだわらない
3	製造卸し	280 社	20,000	入札，商社	1995	家庭で簡単にできる寒天を開発
4	マルテン	4 社	7,000	組合	1909	加工食品を開発していく
5	問屋	4 社	10,000	親会社	1907	現状維持，販売努力
6	製造，問屋	―	11,000	入札，産地問屋	1946	現状維持，業務用に重点
7	製造，問屋	45 社	9,000	入札，商社	1963	下請けを減らし，必要経費の縮減
8	製造，問屋	150 社	15,000	入札，商社	1937	現状維持，販売額の増加は見こめない
9	問屋	100 社	―	入札，問屋	1926	?，リサーチ中
10	製造，問屋	30-40 社	5,000	産地問屋	1939	製造から問屋業へウェイトを移す
11	製造	1 社	6,000	産地問屋	大正末期	冷凍庫の導入による年間操業を考えている
12	製造	10 社	5,544	産地問屋	1950	現状維持，やめてもいい
13	マルテン	1 社	―	組合	1929	加工食品を製造（マルテン）
14	製造	8 社	3,500	産地問屋	―	区画整理で環境悪化→やめる
15	製造，問屋	50 社	7,000	産地問屋	1874	成り行きに任せる
16	製造，問屋	―	100,000	入札，商社	1939	メーカーの研究所とタイアップして新製品の開発
17	製造，問屋	100 社	18,000	入札，問屋，商社	1924	―
18	製造，問屋	20-30 社	―		1929	―
19	製造，問屋	40 社	―	入札，商社	1897	現状維持
20	製造，問屋	50 社	9,000	入札，問屋，商社	1911	現状維持，組合が加工食品を開発して需要を伸ばす
21	製造，問屋	20 社	8,000	採取地仲買，商社	1937	現状維持
22	マルテン	1 社	―	組合	1916	―
23	マルテン	1 社	―	組合	1920	廃業を検討している
24	マルテン	―	―	組合	―	―
25	マルテン	1 社	―	組合	1961	加工品では利益が低いため，角寒天の 2 次製品開発
26	製造，問屋	250-300 社	12,000	入札，採取地仲買，商社	1948	2 次製品の売上を伸ばしていく

注 1：表中の―は不明を表す。
注 2：経営形態が「マルテン」となっている企業は，信濃寒天農業協同組合の所属工場。
聞き取り調査より作成。

「産地形成の歴史や産地構造が大きく異なる岐阜県山岡町と長野県茅野市を事例として，近年の寒天産地の構造変化と危機への対応について比較研究を行う」という卒業論文で掲げた目的に対し，自分なりの回答を与えるに至った。

　以下では，卒業論文のいわば発展編になるが，理論的な概念を分析視点に採用す

ることで，調査結果を学術的に（先行研究の論点をふまえて）解釈する作業を紹介
してみたい。

3　調査結果をどうやって解釈するか：理論的な概念を使う

　大学院に進学後，卒業論文をもとに学術雑誌への投稿を行なった。卒業論文では
検討項目は多面的だが裏を返せば総花的で，列挙した諸要素が全体としてどう産地
の発展・変化に結びついているのかを正面から考察するまでには至らなかった。そ
のため，投稿論文では，分析視点を吟味し絞り込むことで「問い」をブラッシュア
ップし，さまざまな要素が産地発展にどのような役割を果たしているのかをできる
だけ明確に説明しようと試みた。そのために地場産業関係の既往研究や理論的な研
究への目配りを意識的に行なった。そうして，実際に私が行き着いたのは，次のよ
うな問い（目的）だった。

> 筆者は，ボワイエの「地域的レギュラシオン」概念を用いることで，広域的な
> 空間スケールのなかで地場産業地域の変動を動態的に捉え，問題をより鮮明に
> することができるのではないかと考える…（中略）…そこで本稿は，「地域的
> レギュラシオン」の地場産業研究への適用可能性もしくは有効性を考察するこ
> とを目的としたい。（立見 2000：22）

　これだけ読んでもよくわからないかもしれないが，地場産業研究の課題として，
①理論的考察が十分に深められてこなかったことと，②産地を「自己完結的な空間」
として捉えがちであった，つまり，産地外部の影響を考慮してこなかったことにポ
イントを定め，地域的レギュラシオンという概念を通じて，産地発展の要因を考察
することにした。
　少し抽象的な話になるが具体的に説明していこう。まず，レギュラシオン
régulation というのは，レギュラシオン理論によって提起された概念で，フランス
語で「調整」を意味する。私たちが生きる資本主義社会は，労使間の対立のように
（使用者はより多くの利潤を得るため給料を切り下げ，労働者はそれに抗う宿命に
ある），本来的に矛盾や対立を含んでいる。レギュラシオン理論では，諸種の対立
が調整されてはじめて，経済成長は可能になると考える。そして，調整を担うのが
五つの領域に区別された諸制度である。制度とは，私たちの行動の秩序を支えるも

ので，スポーツやゲームのルールのようなものであると思ってほしい。たとえば，労働組合の代表と経営陣の代表が賃上げ交渉を行う団体交渉制度はその典型例である。先進諸国における戦後の高度成長は，団体交渉を通じた生産性インデックス賃金（生産性の上昇に比例して賃金が上昇する）制度によって支えられていた。

　私は，このレギュラシオン（調整）と制度という切り口から，寒天産地の発展を支えた仕組みとその変化を説明しようと考えたのである。その際，レギュラシオン理論が基本的に国民経済を想定した議論であることがネックとなったが，ちょうど具合よいことに，同理論を代表する論者のロベール・ボワイエが，地域レベルにおけるレギュラシオン（地域的レギュラシオン）についても議論を行なっていた（Boyer & Hollingsworth 1997；アレール・ボワイエ 1997）。ボワイエは，地域的レギュラシオンが，国民経済のような域内での完結性をもつわけではなく，リージョナル，ナショナル，グローバルなど上位の空間スケールにおける諸制度と結合し，「入れ子状」（ロシアの人形・マトリョーシカのような構造）に機能すると考えていた。そして私は，これらの議論から着想を得て，上述したような論文の問いを設定することができたのである。

　しかしながらこの論文では，考察にあたって，さらに工夫を重ねなくてはならなかった。というのもレギュラシオン理論が特定する五つの制度諸形態（対立を解消し成長を支える諸制度）が，国民経済間の比較研究を前提にしたものだったからである。そのうち，賃労働関係と競争形態は採用できたが，残りの貨幣金融形態，国家形態，国際体制などはスケールが大きすぎて地場産業地域の比較にはおよそ関係が薄く，考察には使用できなかった。しかし，賃労働関係と競争形態だけでは，フィールド調査から得られた豊富な情報を活かしきることができないように感じた。

　さて困ったな，と頭を悩ますことになるのだが，この点でもアレールとボワイエ編（1997）『市場原理を超える農業の大転換』が強力な道しるべとなった。この本は，フランス国立農学研究所（INRA）の研究者たちを中心に，基本的に（一国の経済を分析する）マクロ理論であるレギュラシオン理論と，ミクロ理論からスタートしたコンヴァンシオン経済学を経験的研究のなかで折衷もしくは使い分けようとする，野心的な試みだった。同書に所収の論考に倣って，コンヴァンシオン経済学の議論を取り入れることで，競争を左右する要素である，価格決定や品質決定の仕組みも考察のポイントに加えることができた。論文の結論としては，両産地の調整にはさまざまなスケールの制度が関与するが，重要な役割を果たしたのは製品品質と価格を決定するローカルレベルでの調整であった。そして，コンヴァンシオン経

済学における調整様式の分類を参考に，両産地ではそれらの調整の仕方が大きく異なっていることを示した。

　最後に，経験的な調査から得られた知見を整理し，さらにそれを理論的な概念とすりあわせる作業は，並行して理論的な勉強も行わなくてはならないため，正直大変である。しかし，調査だけでは得られない新しい論点がみつかったり，収集した情報の意味を調整や制度といったメガネ（概念）を通じて読み解いていくのは，刺激に富んだ楽しい作業でもある。ぜひチャレンジしていただけたら幸いである。

■こんな文献もあります

アレール, G.・ボワイエ, R. 編，津守英夫ほか訳 1997.『市場原理を超える農業の大転換———レギュラシオン・コンヴァンシオン理論による分析と提起』農文協.

上野和彦 2007.『地場産業産地の革新』古今書院.

戸田山和久 2012.『新版　論文の教室———レポートから卒論まで』NHK 出版.

水野真彦 2007. 企業へのインタビューによる調査———製造業の取引において「距離」はどんな意味があるのか？. 梶田　真・仁平尊明・加藤政洋編『地域調査ことはじめ———あるく・みる・かく』117-125. ナカニシヤ出版.

Boyer, R. and Hollingsworth, J. 1997. From national embeddedness to spatial and institutional nestedness. In *Contemporary capitalism: The embeddedness of institutions*, ed. R. Boyer and J. Hollingsworth, 433-484. Cambridge University Press.

第1部

第2部

第3部

第2部
【海外調査】

11 卒論では海外の地域をどのように
研究したらよいだろうか？

【元になった論文】
阿部康久・林　旭佳・高瀬雅暁 2019. 中国の日系自動車メーカーにおけるディーラ
ーの分布と修理・メンテナンス用部品の管理体制——広汽トヨタ社の事例を中心
に. 経済地理学年報 65(1)：117–132.

阿部康久（九州大学）

1 卒論で外国の地域を扱うには？

　地理学に関心をもつ学生であれば海外の地域に関心をもつ人も多いはず。とは
いえ，卒論の段階で海外の地域を対象に研究をするのは，やはり難しい。海外で調
査をする場合には，対象国の言語か英語の能力が必要になるし，語学力以外にもハ
ードルがある。私が研究している中国は，現在でも共産党政権の国なので，原則的
にはアンケート調査やインタビュー調査を行う場合は，中国の大学の先生などの研
究協力者を通して許可を得る必要がある。もちろん，中国側の調査協力者に迷惑を
かけることになるので論文に書ける内容にも制限があり，中国政府からみて「問題
がある」とみられることは書けない場合もある。中国語が堪能な大学の先生が何年
も調査を行なっても，あまりよい成果が得られないこともある。このような状況な
ので，とくに卒業論文では，実際に海外の地域を研究するのではなく，たとえば興
味がある国や地域の出身の方で日本に住んでいる人びとについて，その生活や就業
の状況を研究するというのも一案だろう。また，現地に進出した日本企業や現地で
生活する日本人について調べるのであれば，比較的ハードルが低いかもしれない。
あるいは，外国出身の方に親しい友人などがいる場合は，その方を通じて現地調査
ができるかもしれない。そのためには，日頃から調査に協力してくれそうな方と交
流をもち，親しくしておくことも重要であると思う。本章で取り上げた論文も，筆
者の教え子であった林旭佳さんに加えて，中国の大学で日本人教師をしていた高瀬
雅暁さんに現地調査を協力してもらい，何とか日の目を見ることができた論文であ
る。

2 日本企業の市場指向型の海外進出と 販売店の展開・分布について調べたい

　この論文は，トヨタ自動車の現地法人を対象にして日系自動車メーカーの中国でのディーラーの分布や修理・メンテナンス用部品の管理について検討したものである。筆者は以前から，このような研究テーマに関心をもっており，日本の自動車産業の特徴や日系企業の中国進出について論じた先行研究を読み，関連する調査を行なったことはあった。とくに，経営学や中国の産業研究で有名な藤本隆宏氏や丸川知雄氏の研究を参考に研究のアイデアを考えていた。このように経済学や経営学の理論やモデルを参考に地理学的側面に注目した研究をするというのは，以前から議論されてきた経済地理学の研究の方向性の一つだといわれている。しかしながら，具体的にどのような調査を行えばよいのか，あるいは調査自体が可能であるのかがわからず，なかなか手をつけられないでいた。とくに最近では，企業の情報管理が厳しくなっており，インタビュー調査や内部資料の提供を受けるのが困難である。結果的に，この論文が日の目を見ることができたのは，調査から論文執筆までのいろいろな場面で「運がよかった」という面もある。とくに調査の際には，「親切な」研究協力者の方に出会えるか否かが重要になる場合もある。ただし，調査協力者の特別なコネクションに頼った調査を行うことには課題や限界もあるため，とくに卒業論文レベルでは，一般に公開されているデータや資料に基づいて，しっかりとした分析と考察を行うという研究内容でもよいと考えている。

3 トヨタ自動車の中国への進出状況をまとめる

　主要自動車メーカーの中国での販売台数の推移やトヨタ自動車（広汽トヨタ社）の正規ディーラーの地域別分布等の，公表されているデータを収集し分析した。これらの文献や統計データ，資料等は，現地や日本国内の大学や図書館，公的機関で紙媒体の資料が存在しているほか，意外にもインターネット上等でも公開されていることも多いのだが，外国語のサイトでは探すのが難しく，スルーしてしまうことも多い。とくに筆者が研究している中国の場合は，経済発展の成果かどうかはわからないが，以前は行われていなかった（あるいは公開されていなかった）データや資料が入手できる場合があるので，過去の経験は役に立たない場合もある。教員から「そのようなデータはないのではないか？」と言われても，最近新たに公開され

88

ていたということは結構あるので，あきらめずに探してみることが大事である。

　たとえば広汽トヨタ社の正規ディーラーの地域別店舗数は，会社のホームページを検索すれば知ることができる。この地域（省・直轄市・自治区）別の店舗数を人口比，地域別 GDP 比，1 人あたり GDP 比，人口当たりの他社の分を含めた総自動車登録台数比，でそれぞれ計算し，相関係数（表 11-1）と分布図（図 11-1，図 11-2）を作成した。

　相関係数というのは，データ間の関係性の強弱を示す指標のことで，－1 から 1までの値を取る。普通は出てきた値が有意であるかの「検定」を行うことも多いのだが，今回の分析ではどの値も 0.6 以上の高い数値が出たため，「検定」は不要と判断して分析を進めた。この論文では，単純に相関係数を計算しただけで終わったが，重回帰分析等の他の多変量解析の手法を駆使すれば，もう少し説得力がある主張ができたかもしれない。読者の方々には，卒業論文で取り組んでもらえるとありがたい。

表 11-1　広汽トヨタ社の地域別店舗数と各指標の相関係数

	相関係数
人口と店舗数	0.778
総 GDP と店舗数	0.925
1 人あたり GDP と人口 1,000 万人あたり店舗数	0.677
自動車登録台数と店舗数	0.867

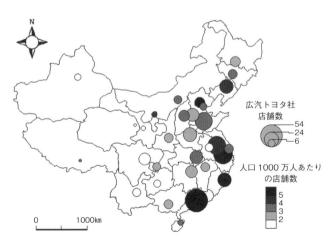

図 11-1　地域別にみた広汽トヨタ社のディーラーの販売店舗数

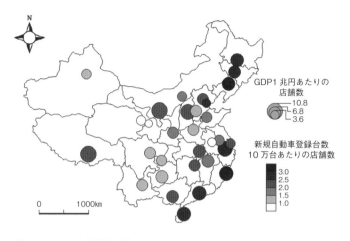

図 11-2　GDP と新規自動車登録台数あたりの広汽トヨタ社の地域別店舗数

4　地理学的視点を打ち出すことの難しさ

　本論文での検討結果としては，①広汽トヨタ社は全国に 437 店舗のディーラーを
もつが，人口比を考慮すると，店舗の分布が沿海部に偏っており，近年，自動車の
需要が高まっている内陸部への進出が遅れていることや，②地域別の GDP 総額と
店舗数の間には高い相関関係があり，同社では比較的経済規模が小さい内陸の消
費者向けに低価格な車種を販売するよりは，経済規模が大きい沿海部の大都市で高
価格車を販売することを重視していることを指摘した。

　実を言うと，ディーラー店舗の分布が沿海部に偏っている点については，人口や
総自動車登録台数との関係をみても，相関関係はかなり高かったので，本当に分布
に偏りがあるのか，あるとしても，そこまで重大な偏りと言えるのかということを
筆者自身もかなり迷った。ただ，実際に分布図を作成してみると店舗の分布は沿海
部に偏っているという判断ができ，同社の内部資料等の他の情報を考慮し，このよ
うに結論づけることにした。この論文に限らず，地理学的研究において地域差を検
討する際には，どの程度の地域差があれば，それを重視すべきかという点について
は，かなり迷うことがあるのは現実である。この論文を執筆する段階でも，自動車
メーカーの中国進出の特徴を検討するのに，地域差だけを分析することに意義があ
るのかという点にも悩んだ。海外の地域を研究する場合に限らず，経済現象を地理
学的な視点から検討する際には，①経済現象の背景にある要因やメカニズムを検討

することと，②その結果として生じる地域差を分析すること，という二つの点を同時に検討しなければならなくなることがあり，1編の論文にまとめるのが難しくなる場合も多々ある。論文を書くときには，このような二つの点を書き分ける必要があることは事前に留意しておいた方がよいだろう。

5　インタビュー調査と課題

　また，トヨタ社へのインタビュー調査やいただいた内部資料の分析からは，トヨタ社の店舗数の拡大が進まない要因として，同社が重視する十分なアフターサービスを行えるディーラーを確保することが難しい点を指摘した。具体的には①同社では，ディーラーには修理・メンテナンス用部品のうち，最低でも1,500点以上をストックさせる方針を採っている点，②メンテナンス用部品を交換する際には，顧客に十分な説明と同意を得ることで顧客満足度を高めることを要求している点を挙げ，③同社のディーラーには長期的な視点で事業を続けられる資金力が必要になるが，このような資金力のあるディーラーは限られている点や，④メーカーとディーラーの間での利益配分も難しい点を指摘した。ただし，企業へのインタビュー調査では，近年では研究者にとって必要な情報を教えてもらうのが難しくなっている。そのため，調査ができたとしても，その内容の真偽を他の研究者が確認し，事実関係を検証することが難しいという難点もある。

　とくに近年では，論文執筆者は調査データのねつ造や改ざんを疑われないように気をつける必要があるため，何らかの形で正確なインタビュー内容を記録に残しておき，論文に書く際に妥当性を欠く解釈をしていないか確認できるようにしておく必要がある。具体的には，インタビュー調査を行なった場合には，実際にインタビューを行なった日時，場所，調査対象者の属性（年齢・性別・職業等）や職位（企業や公的機関に調査した場合）を記録したうえで，可能であれば録音できるとよい。ただ，実際には録音の許可を得ることが難しいことも多いので，その場合はインタビューの細かい内容（実際に論文に使用しなかったものも含めたすべてのインタビュー内容）をまとめておくようにする。ちなみに，個人を対象としたアンケート調査を行なった場合は，できれば個票を保管しておくべきなのだろうが，それが難しい場合は，論文のなかで使用しなかったデータも含めてすべての集計内容や質問項目，アンケート用紙などを資料として，まとめて保存しておきたい。

　以上，いろいろなことを書かせてもらったが，やはり卒業論文の段階では，外国

語が必要となる現地調査や資料・統計の収集を行うのは，なかなか難しい。次章では，日本語の資料やデータのみで論文を執筆した研究例も紹介するので，こちらも参考にしてもらえたらと思う。

■こんな文献もあります

川端基夫 2010.『日本企業の国際フランチャイジング』新評論.
藤本隆宏 2003.『能力構築競争』中央公論新社.
丸川知雄 2013.『現代中国経済』有斐閣.
水野真彦 2011.『イノベーションの経済空間』京都大学学術出版会.

第1部

第2部

第3部

12　オープンデータ・資料の活用による論文執筆
日本語コールセンターの海外移転を例に

【元になった論文】
阿部康久 2012. 中国大連市に進出した日本語コールセンターの存続状況. 地理科学 67(2)：51-69.

阿部康久（九州大学）

1　あなたがコールセンターにかけた電話は中国につながっている！

　前の章でも説明させてもらったように，海外での調査は外国語ができるかどうかに関係なく難しいものである。ここでは筆者が行なった調査のなかでも，現地調査がほとんどできず，既存の統計資料や新聞・雑誌記事を頼りに論文を書くことになった例を紹介する。研究の題材は，中国の大連という街に進出した日本市場向けの日本語コールセンターについての研究である。日本では1990年代末頃から，通信事業の自由化やインターネット等の安価な通信技術の普及により，通信コストは大幅に低下している。グローバルスケールでみると，先進国のソフトウェア開発業務やバックオフィス業務等が，よりコストが低い海外へ移転する現象が顕著にみられるようになった。とりわけ，サービス業務の国外への進出・移転に関しては，米英をはじめとする英語圏からインド等の新興国への進出が有名である。

　海外に移転されるサービス業務としては，ソフトウェアの受託開発や，経理・給与支払，人事管理，福利厚生等の間接業務や顧客情報や販売データの入力・管理等のバックオフィス業務等が挙げられる。本研究で取り上げるコールセンター業務も，このバックオフィス業務に分類できる業務である。具体的には，電話やファックス，インターネット等を介した商品やサービスの販売や，商品・サービスに対する問い合わせやクレームを受ける業務のことを指す。

　研究を行なった2010年頃の時点では，コールセンターのような企業のサービス業務が海外に移転する現象が，学界はもちろん，社会的にもある程度は注目されていた。あなたが商品やサービスへの問い合わせや苦情を言うために企業のコールセンターに電話をかけたら，実は電話の向こうにいるオペレーターは，海外のオフィ

スで電話を受けて対応しているということもあるのである。とくに日本企業の進出先としてもっとも有名だったのは，東北地方の大連という街だった。実は，筆者は以前から，大連にて語学学習や調査をした経験があったので，日本市場向けの日本語コールセンターの状況を調査することを思い立ち，研究をはじめることにした。

2　現地調査の難しさ

　このような経緯で実際に研究をはじめることにし，先行研究や資料を収集し，現地調査に赴いたのだが，筆者にとっての最大の誤算は，進出企業や働いているオペレーターへのインタビュー調査が，ほとんど行えなかったことだった。これは，フィールド調査により細々とした情報を収集し，地域や調査対象の状況を詳細にまとめることを売りとしてきた筆者のような研究者にとっては，致命的な問題であった。

　事情を説明すると，当時，現地ではコールセンターで働くことができる日本語が堪能なオペレーターが不足しており，進出した企業の間でオペレーターの獲得競争が激化していた。そのため，調査対象となったコールセンターのほとんどでは，オペレーターの労働条件等の情報を公表していなかった。現地で働くオペレーターの人をみつけてインタビューをしようとしても，対象者はコールセンターに採用される時点で，労働条件を他人に明かさないことを義務づけられており，具体的なインタビューはできない状況であった。

3　公表されているデータ・情報を「うまく」活かすよう方向転換

　このような難しさがあった一方で，実際に資料収集をはじめてみると，日本語コールセンターが海外に設立される際には，話題性が高いためマスコミ等で取り上げられる機会も多く，かなりの情報が新聞・雑誌などの取材記事として公表されていたことがわかった。そこで，はじめにインターネットの雑誌記事検索サイトを利用して，過去に存在していたものも含めて大連に進出していた日本語コールセンターに対する取材記事の収集を行なった。この他に，現地にあるコールセンターを開設している企業や人材紹介会社のなかには情報提供に応じてくれるところもあったので，日本語コールセンターの進出数やオペレーターの採用条件や賃金水準等を確認していった。また，これらの進出企業に対する現地でインタビュー調査は困難であ

第1部

第2部

第3部

ったため，日本本社（日本以外に本社がある企業の場合は日本の事業拠点）や人材募集を行う斡旋業者に対して，電話やEメールでの調査を行うとともに，対象企業が公表している広報情報を用いて情報を補足することにした。

4 論文完成までのプロセス

　このような手法により，調査を行なった2010年の時点で，大連には既に休止・閉鎖されたものも含めて，少なくとも14社の日本語コールセンターが存在していたことがわかった。そこで，まずはこれらの取材記事を参考に，進出企業の社名，大連での現地法人設立年，進出時の業務内容，進出後の状況等を一覧表にまとめることにした（元論文の第1表を参照）。この一覧表は，インタビュー調査や資料調査をまとめる際に多用される方法である。もちろん，一覧表にまとめただけでは調査対象の傾向を読み取るのは難しいのだが，読者が個々の調査対象の状況を参照する際に有益なので，作成しておいた方がよい。

　また，このようなメインの調査内容に加えて，日本語コールセンターの進出先である大連の位置づけを説明することも必要になった。そのため，日本語能力1級試験の受験者数が多いことを示すデータや，コールセンター業務を含む情報サービス産業全体を見ると進出数が多いことを示すデータを表やグラフにまとめ，論文の第Ⅱ章の調査対象地域の説明の箇所で紹介した（図12-1，図12-2）。

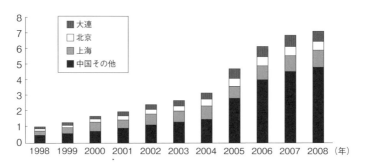

図12-1　受験地別に見た日本語能力試験一級受験者数の推移

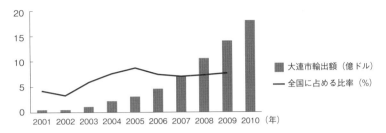

図 12-2　大連市のソフトウェア・情報サービス産業の海外輸出額と全国に占める比率の推移

5　調査結果と考えたこと： やはり日本語のコールセンターを海外で運営するのは難しい！

　これらの手続きを経て，この研究では以下のように調査結果をまとめた。大連への日本語コールセンターの進出は，1998 年に大連ソフトウェア・パークの開設と通信インフラの整備を契機に，2000 年から 2005 年までの時期に多くみられた。しかしながら，顧客向けのサービスであるコールセンター業務には，①ネイティブレベルの日本語能力，②高い接客能力，③商品に対する高度な知識，が要求される。そのため進出企業数自体は，それほど多くはなく，米国に本社をもつグローバル企業や企業業務のアウト―ソーシングを専門に請け負う業者が中心になっていたことがわかった。

　とくに 2006 年以降には，①大連を含む中国全体で生じた物価・賃金水準の上昇によって，②経験豊富で日本語能力も高いオペレーターを確保することが難しくなり，その賃金水準も上昇していった。また，中国人の日本語話者がコールセンターの業務を行う際には，日本語能力のみならず，日本市場特有のサービス水準や接客慣行といった文化的背景の差異が大きく，中国人オペレーターでは対応が難しい点も多かった。これらの課題を克服するためには，外国人オペレーターを研修等により教育していく必要があるが，このような教育コストはコールセンターの運営コストを上昇させる要因になる。このようなコストを含めると，大連で日本語コールセンターを運営するためのコストは低いとはいえなくなっていた。

　進出企業のなかには，これらの課題に対応するために，中国語を学べることを売り物にして日本人オペレーターを募集し，中国人スタッフと同レベルの賃金で雇用していた企業もみられた。しかしながら，2008 年頃から中国政府が日本人オペレーターのビザ取得に高い学歴と就業経験を要求するようになったこともあり，日本人

オペレーターを確保するためには，それ以前より多くのコストがかかるようになっている。

　これらの理由により，進出企業のなかには，日本の地方都市にコールセンターを移転・併設しているものも多いことがわかった。そのため結論としては，1. オフィス業務の海外移転を分析する際には，オフィス業務の中でも海外移転が容易な業務と障壁が高い業務があり，区分して論じる必要がある点や，2. サービス業務の海外移転を進める際には，進出元の国や地域の商慣行の存在に留意する必要がある点を指摘した。とくに2. については，日本市場向けコールセンターを国外に設立する際には，日本市場特有の接客水準が存在しており，単に高い日本語能力を要求されるだけでなく，顧客からの要望に臨機応変な対応を行い，トラブルを回避する能力が求められ，海外へのコールセンターの進出や存続が難しい要因の一つになっていると結論づけている。

6 　論文執筆の際に心がけること

　今回取り上げた論文の内容は以上のようにまとめられるが，この論文の例から実際に論文を執筆していくなかで心がけなければならない点をいくつか挙げるとすると，以下のようになるだろう。一つ目は，集めた資料やデータから言えることを，筆者自身が解釈して文章にしていく必要がある。論文の執筆に慣れていないときには，資料やデータから作成した図表を提示してそれで終わりになってしまうこともあるが，図表から言えることを筆者自身が文章にまとめておかないと，読者には理解できなかったり，筆者とは異なる解釈が成り立つ場合があったりするのである。二つ目としては，資料やデータの解釈から，さらに一歩進んで，調査対象の性質や変化の可能性について「考察」をしていく必要がある。本章で取り上げた海外に進出した日本語コールセンターの場合は，そもそも，マスコミレベルで言われていたように多数の日本語コールセンターが大連に進出していたわけではなく，顧客対応業務としてのコールセンター業務が顕著にグローバル化しているとは言えないことがわかった。また2006年以降は，もともと少なかった進出数も頭打ちになり，むしろ撤退する企業も増加した点や，その理由について考察している。現在からみると，以上のような考察は妥当だったと思えるのだが，少なくとも筆者の場合は資料やデータを集めて整理している段階では，そこまでの考察に至らず，実際には論文を雑誌に投稿して査読者とやり取りをしていくなかで気づいた点も多い。そのた

め，指導教員等の第三者に原稿を読んでもらい，コメントを頂くことは有益だと思う。また，時には原稿をほったらかしにして「寝かせて」おくことが，新しいアイデアを生み出すうえで有効になる場合もある。そのためには，卒業論文には「早めに」取りかかり，一次原稿も「早めに」仕上げておくことが必要になる。口で言うだけなら簡単で実際には難しいことではあるが，実践できると理想的だと思う。

■こんな文献もあります

阿部康久・範晶 2010. 中国における日系機械器具製造業の立地環境の変容——大連経済技術開発区進出企業を事例として. 地理科学 65(4)：266–283.
松原　宏編 2009. 『立地調整の経済地理学』原書房.

13　韓国の街を調べる

【元になった論文】
橋本暁子・全志英・駒木伸比古・山元貴継・山下亜紀郎・兼子　純・李虎相 2018.
　韓国の地方都市における商業地域の調査方法と土地利用のデータベース化. 地
　理空間 10(3)：236–246. https://www.jstage.jst.go.jp/article/jags/10/3/10_236/
　_article/-char/ja/（最終閲覧日：2021 年 7 月 31 日）

山元貴継（琉球大学）

1　韓国でのフィールドワーク

　近年では，K-POP アイドルに憧れて，あるいは韓国料理に舌鼓を打つために，
旅行で隣国韓国に向かい，各地の街のにぎわいを見て回ったことがあるという人が
少なくないかもしれない。そこでは，シャッター街となってしまっていることが多
い日本の地方都市のそれと比べて，かなり規模の小さな街でも商業地が活気にあふ
れているのを目にすることができるであろう（図 13-1）。同時に，日本から持ち込
んだガイドブックなどに載せられたお店のマップが，予想以上に役に立たないこと
にも気づかされると思う。そうした，せっかくの渡航経験があり，韓国の独特の表
音文字「ハングル」をどう読むのかくらいはちょっとかじってみた，という皆さん
でも，調査や研究で韓国を対象にしてみてはと言われると，尻込みされるのではな

図 13-1　同業種の店舗が連続する韓国地方都市の商業地の様子（2012 年 4 月 25 日撮影）

いだろうか。確かに，外国語である韓国語で聞き取り調査やアンケートをすること
などは，とても勇気が必要であると思う。しかし，韓国のさまざま文化に興味をも
ち，せっかく「ハングル」を覚えてみた皆さんは，ぜひ韓国でのフィールドワーク
を試みてはいかがだろうか。そうしたフィールドワークの一例として，ここでは，
韓国東南部の地方都市・梁山（ヤンサン）市で実際に行なった商業地調査（橋本ほ
か 2018）をもとに，そのアプローチを紹介する。

2　日韓の街に関する地図情報

　日本国内でこうした商業地を地理学的に分析するのにとても便利なのが，いわゆ
る「住宅地図」である。「住宅地図」は，1,500 分の 1 から 3,000 分の 1 程度の大縮
尺の図面に街路や建物の形が描かれ，それぞれの建物には，個人宅であれば居住者
の氏名，商店であれば店舗名が細かく記載されている。前者についてはこの頃，個
人情報についての懸念から掲載を希望しない方が増えてきたが，後者については，
その掲載自体が店舗の宣伝になることから，「住宅地図」での漏れは比較的少ないだ
ろう。加えて，それらの店舗自体がスポンサーとなって，独自の「商店街地図」が
つくられることも多い。また，こうした店舗名や業種，電話番号や住所の一覧がイ
ンターネット上などでも検索できるようになってきているので，その住所データを
もとに GIS（地理情報システム）を用いて，業種別の店舗分布図を作成することも
できる。さらに「住宅地図」は，多くの都市で約 2 年おきに更新されているので，
現地の図書館などに向かい，所蔵されている過去の「住宅地図」との比較から，店
舗構成の変化などを追うことも可能である。ただし「住宅地図」は，最大手のゼン
リンなどが，変形 B4 版冊子の見開きページの片側の複写までしか認めていない。
そのため，各年版の「住宅地図」のコピーを求めるよりも，まずは特定年度の「住
宅地図」をもとに，街路と建物の形とをトレースした（書き写した）ベースマップ
を用意し，そこに過去の「住宅地図」を閲覧しながら，過去の店舗の業種などを書
き込んでいくのがよいだろう。

　さて，こうした方法を使えば，現地の方々と直接言葉を交わさなくても，下手をす
ると現地に向かわなくても商業地の調査ができそうということで，これを応用して韓
国各地の商業地についても調査ができると期待したいところであるが，韓国ではこう
した地図を見かけることはまずない。「住宅地図」は，ゼンリンなどが発達させた日本
独自ともいえる地図文化であると同時に，後に述べるように店舗の入れ替わりの激し

図13-2　スマートフォン・アプリでも確認することができる韓国の「地籍図」の例
（「NAVER 地図」より）

い韓国では，まず役に立たないためであると思われる。代わりに発達しているのが，「地籍図」の公開である。「地籍図」は，個々の土地の権利や固定資産税などを明確にするために，土地どうしの境界（地筆界）および地番と，図面によっては地目（税制上の土地利用区分）までが記載された大縮尺の図面で，日本国内の，皆さんの住んでいるところについても何らかの形で図面が用意されている。この「地籍図」は，日本国内では歴史地理学における過去の景観復元などによく用いられてきたが，その入手のためには法務局などに出向く必要があり，しかも発給には一枚 500 ～ 1,000 円の手数料が求められる。しかし韓国では，この「地籍図」の簡易版といえる「地番図（または地籍編集図)」が，インターネット上でも確認できる。それを見るためのスマートフォン・アプリもいろいろ公開されており，その表示を見ながら韓国各地を歩くと，今いる場所が何番地であるのか，また，目の前にある建物の敷地はどうなっているのかまでを確認することが可能である（図13-2）。

3　「地番図」などを活用した調査

　こうした「地番図」をベースマップとしてプリントアウトして現地に持参し，確認した店舗の業種区分や，可能であれば店舗名を書き込む（図13-3）ことで，店舗の分布図の原図ができていく。記入用紙を用意し，現地で各店舗の所在となる地番などと対応する形で情報を書き込み（図13-4），それをもとにデータベースを作成する手法も，後の集計を楽にする。また近年では，デジタルカメラだけでなくスマートフォンでも，GPS（全地球測位システム）で緯度・経度といった位置情報を写真ファイルの記録に残すことができるので，店舗の業種区分に迷ったり，意味のわからない店舗名を見かけたりした時には，とりあえず写真に収めておくのも手である。

図 13-3　「地籍図（地籍編集図）」への記入
（2016 年 3 月 韓国梁山市での調査）

図 13-4　韓国の商業地での調査の様子
（2019 年 2 月 26 日 韓国公州市にて）

後で辞書で意味などを調べ，写真ファイルに記録された位置情報をもとにスマートフォンのアプリなどで該当する店舗を確認し，情報を追記すればよいからである。なお，この手の調査は，日本国内でも商店の方々に不審がられるところである。現地調査の際には，最低限の韓国語での挨拶と自己紹介は覚えて，税務署の調査などではないことをアピールする必要はある（笑）。ちなみに，韓国でのフィールドワークで便利なフレーズは「論文を書いています（ノンムルル スゴ イッスムニダ）」である。韓国では日本と比べて「勉強や調査で努力している人」に優しくすべきとする文化があるため，現地の方に声をかけられても，そのひと言でまずは納得されると思う。そうして得られた記録をもとに，店舗の分布図を仕上げることができる。

4　調査結果からみた韓国の中心商業地

　さて，調査の結果を示した分布図をみてみよう。調査を行なった慶尚（キョンサン）南道の梁山市は，人口 30 万人を超えているとはいえ，南側に隣接して人口 380 万人の釜山（プサン）広域市がひかえている。日本であればそのベッドタウンとして，人口のわりに商業地の衰退がみられそうな規模と位置関係である梁山市だが，市内にはまとまった商業地が展開している（図 13-5）。しかも，同市の商業地は図に示した「旧市街地」だけでなく，図の範囲の西側に隣接して 1990 年代以降に建設された「新市街地」と，さらにはそれらから南西に 5km ほど離れたところで近年開発が進む「新都市」に，それぞれ別個に商業地が発達している。韓国では，いわゆる

第1部

第2部

第3部

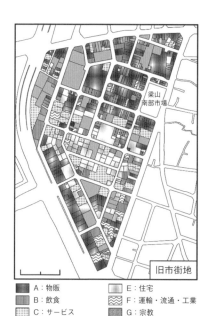

A：物販　　　E：住宅
B：飲食　　　F：運輸・流通・工業
C：サービス　G：宗教
D：オフィス・事務所　H：その他

**図 13-5　韓国梁山市の旧市街地に
おける各種店舗の分布**

（2016 年 3 月調査）

郊外型ショッピングセンターが少なく，代わりにこうした在来型の商業地が各地で発達している。そこでは，日本国内ではあまりみられなくなった「公設市場」である梁山南部市場の建物内部だけでなく，その周囲にも各種の食料品や生活必需品，電気製品などを販売する店舗が広範囲に立地していることが明らかになる。とくに注目されるのは，図 13-1 にみられるように，明らかに同じ建物に同業種，たとえばキムチ販売店の隣に別のキムチ販売店が入居しているところもあるといった同業種の店舗が並ぶエリアが，業種ごとにみられやすいことである。また，最大でも商店全体の 10 数％と，「空き店舗」（図 13-5・表 13-1 中の主に H：その他）が少ないことにも気づかされる。そうした状況は韓国各地でみられ，私たちの眼には，日本の地方都市のそれと比べて，韓国の商業地に活気があるように映ることになる。

表 13-1　韓国梁山市の旧市街地における店舗構成の変化（2016 年 3 月～ 2018 年 3 月）

		2018 年								
		A	B	C	D	E	F	G	H	合計
2016 年	A. 物販	30(17)	7	3	1	1	0	0	16	58
	B. 飲食	4	12(8)	2	0	0	1	0	4	23
	C. サービス	2	0	5(1)	0	0	1	1	4	13
	D. オフィス・事務所	1	0	0	0	0	0	0	1	2
	E. 住宅	0	2	3	0	2(0)	0	2	1	10
	F. 運輸・流通・工業	1	1	1	0	0	0	0	0	3
	G. 宗教	0	1	0	0	0	0	0	0	1
	H. その他	9	4	2	0	0	1	0	5(3)	21
	合計	47	27	16	1	3	3	3	31	131

注：カッコ内の数値は同じ小分類間での変化数を示す。（現地調査により作成）

5 調査で実感する韓国の街の変化

　その理由までをも明らかにするためには，各店舗に対する聞き取り調査やアンケートまで試みたいところだが，そこまでいかなくても，せっかく記録を残しているのであれば，その記録を持って再び1年後，2年後に現地を訪れて，商業地のその後を確認することでうかがい知ることができるかもしれない。梁山市の旧市街地での調査では，2016年から2018年までの間に，当初530あった店舗の実に4分の1が入れ替わっていた（表13-1）。その多くが，建物はそのままでのいわゆる「居抜き」で，以前と同じ業種での入れ替えである。さらに，この2年間「空き店舗」のままであったところはほぼ無く，その多くに次の店舗の入居などがみられた。またそこでは，相対的に商業地の外側に立地していた店舗が，梁山南部市場近くに場所を移している例も散見された。そして，同じく相対的に商業地の外側にあった店舗が，建物はそのままに店舗であった面に壁を造り，完全に住宅として使われるようになることもよくある（図13-6）。建築規制や耐震基準の厳しい日本ではちょっと難しい建物の転用かもしれないが……。

　実は，こうした動きがみられるのも，韓国の商業地を構成する店舗は非常に高い割合で賃貸であり，建物の所有者は閉店した店舗を放置すれば損失が出るとしたうえで，さらにはあえて競合店舗を入居させて店舗どうしの売り上げを競わせることが少なくないこと，店舗側も創業の地などにこだわらず，より条件のよいところに店舗を移すことをいとわない商習慣があることなどがその背景として挙げられる。利用者となる韓国の人びともそれをよく理解しているので，店舗を地図で探すよりも，直接電話をかけて店舗がまだ営業を続けているか，または場所を移していない

図 13-6　住宅に改築された店舗跡（2019年2月25日 韓国扶余郡にて）

かを確認する。こうした事情の理解にはやはり聞き取り調査などか必要かもしれないが，少なくとも韓国における業種別の店舗の分布や変化の傾向を知っていると，韓国各地の街で買い物や食事でもする際に，お店探しにカンがはたらくようになるかもしれない。

■こんな文献もあります

兼子　純・山元貴継・橋本暁子・李虎相・山下亜紀郎・駒木伸比古 2019．韓国地方都市の中心商業地における店舗構成の変化——釜山大都市圏・梁山市を事例として．都市地理学 14：76–88．

河野敬一 2008．ゼンリンの住宅地図．『近代日本の視覚的経験』141–144．ナカニシヤ出版．

山下亜紀郎・駒木伸比古・兼子　純・山元貴継・橋本暁子・全志英・李虎相 2016．韓国梁山市における新旧市街地の土地利用比較．地理情報システム学会講演論文集 25：CD-ROM．

14　インドにおけるショッピングモール発展に関する調査研究

【元になった論文】
土屋　純 2013. デリー首都圏（NCR）におけるショッピングモールの発展と外資系小売業の参入. 広島大学現代インド研究——空間と社会 3：31–45. https://hindas.hiroshima-u.ac.jp/PDF/2012/Tsuchiya_HINDAS_Journal.pdf（最終閲覧日：2021 年 8 月 10 日）

土屋　純（関西大学）

　外国でフィールド調査して卒論を書きあげようと考える人は少ないかもしれない。海外でのフィールド調査には，言葉の壁，安全性の問題，などさまざまな課題が存在するだけでなく，日本とは異なる経済・社会・文化的な状況のなかで地域イメージや調査計画をつくりあげるのが難しいからと考える。確実に卒業したい学生にとって，無難に調査計画や研究目標が設定できる国内研究のほうが魅力的に感じるであろう。

　とくに，南アジアなどの発展途上国では空港や地下鉄など交通インフラが不十分で，タクシーに乗るときに注意しないと高額の料金を請求されるなど，先進国では考えられない問題が発生することがある。インドでは英語がかなり通じるので，非英語圏の国々のなかでは言葉の壁は低いと言えるが，インド人の英語の発音には独特なものがあるので聞き取りが難しい。私も片言の英語を使ってインドやバングラデシュで聞き取り調査してきたが，今でも聞き取り調査がおぼつかない。

　ここでは，インドのデリー首都圏でフィールド調査を行なった論文を紹介する。困難が多いなかでどのように調査・研究を進めてきたのか，ショッピングモールに関する論文を書きあげた経験から紹介したい。

1　従来の研究から状況を把握する

　インドのショッピングモールに関する研究を行うことになったきっかけは，広島大学大学院文学研究科地理学教室が中心となって運営されている広島大学現代インド研究センターに，研究協力者として参加したことであった。それまで，バングラデシュにおける定期市の変動や，宝飾品店の発展に関する研究を行なっていたが，

表 14-1　インド諸都市のショッピングモール数

都市	ショッピング モール数
ムンバイー	35
デリー	28
グルガオン	11
バンガロール	11
コルカタ	10
ハイダラーバード	6
ガジアバード	6
ジャイプル	5
ルディヤーナー	5
ノイダ	5
プネー	5
全インド	171

（Operational Shopping Centres & Malls Next（2010）より 集計）

このセンターが開催した研究会で，急激にショッピングモールが成長していること
を聞くことができ，自分の研究としてまとめることができるのではないかと考えた
からである。

　最初に手掛けたのは，Amazon.com や Google Scholar などから，インドのショ
ッピングモールの動向について文献サーヴェイすることであった。インドにおける
ショッピングモールは，2000 年 8 月にはインド全体で 96 店舗と紹介され（Abhijt
2006），2009 年 8 月には 172 店舗となったと指摘されていた（Operational Shopping
Centres & Malls Next 2010）。では，全国にどのように普及しているのか。表 14-1
は，2010 年における都市別にみたショッピングモールの立地状況が集計されたもの
である。ムンバイーの店舗数が一番多く，続いてデリーが多くなっているが，デリ
ー首都圏にはデリー州以外のグルガオン，ノイダ，ガジアバードも含まれるので，
デリー首都圏には 50 か所のショッピングモールが存在することとなる。よってム
ンバイーとデリーには，全国の半数以上のショッピングモールが集中していること
を確認した。

2 　まずは観察してみる

　ある程度，ショッピングモールの発展状況がわかったので，デリー首都圏に出か
け現地調査することとした。まずは，デリー首都圏の郊外地域でもっともショッピ

図 14-1　メトロポリタンモール（デリー首都圏郊外のグルガオンに立地）
(2010 年 9 月 2 日筆者撮影)

ングモールの集積しているグルガオンに赴き，とにかく数多く観察して日本のものとの違いを見いだすこととした。

　図 14-1 は，2000 年代に建設された典型的なショッピングモールであるメトロポリタンモールである。インドのショッピングモールは吹き抜け構造が大半であり，正方形をした底地に縦長く建設されたものが多い。日本に多い標準的なフォーマット（ダンベル型，横長で両端に核店舗があるタイプ）のものは巨大モールのみで，中小規模のものは縦長のビルタイプが中心であった。

　では，どうしてインドではダンベル型が少ないのか。日本ではイオンモールのようなショッピングモール開発を専門とするデベロッパーが存在していて標準的なフォーマットを全国展開しているが，インドの場合，ショッピングセンター専門のデベロッパーは少なく，ニュータウン開発等を行なっているデベロッパーが事業の一つとしてショッピングモールを開発している場合がほとんどである。日本のデベロッパーのように，標準タイプを多店舗展開する業者が少ないので，開発する場所の状況にあわせてショッピングモールがつくられているケースが多いと考えられる。

　ショッピングモールのテナント構成について調査してみると，ショッピングモールには国内外のブランドが入居していることがわかった。メトロポリタンモールの場合，テナント数は 136 店舗であった（2011 年 9 月）。テナント構成をみると，日本と同様にシネマコンプレックスやフードコートがあり，ファッションブランドが

多い。日本と異なるテナント構成として指摘できるのは，ソニー，サムソンなどの電気メーカーや，カシオなどの時計ブランドなど，メーカー直営店が多いことであった。

　インドにおける大都市都心部は，無数の小規模店が集まる巨大な商業集積であるが，そこには外国ブランドが新規に入店できる商業ビルなどは乏しい。郊外地域で盛んに建設されているショッピングモールは，外国ブランドが入店できる貴重な存在である。成長著しい巨大市場への参入をうかがう外国メーカーやブランドが自身の存在をアピールするために入店している。ワコールがファッションとしての下着をアピールしたり，キャノンが一眼レフカメラとプリンターをセットで販売して趣味としてのカメラを普及させることを狙ったり，メーカーのショールーム的な店舗運営がみられるのである。

　そして，ショッピングモールのテナント管理について注目することとした。というのはインドのショッピングモールにはシャッターが閉まっている空き店舗が多いことが観察からわかったからである。グルガオンのショッピングモール群を対象に空き店舗率を調査してみたところ，メトロ駅に近くの利便性の高いモールでは空き店舗率が1桁台であったが，駅から離れているモールでは30％近くになっているものがあった。後から調べてみてわかったのであるが，モール内のテナントを不動産として切り売りしているショッピングモールもあるようで，モール内で数多くの主体がテナント管理していて，モール全体として一貫したテナント管理がされていない場合がある。このように開発した後のテナント管理まで意識したモール開発が少ないことが特徴であると考えられる。

3　デリー首都圏における分布状況を調査する

　グルガオンにおけるショッピングモールの状況を把握した後，デリー首都圏の地理的構造との関係を検討するために，ショッピングモールの分布を調べてみることとした。デリー市内の書店で入手したショッピングモールのダイレクトリー（名鑑）に記載されているモールを Google Map 上で確認し，各ショッピングセンターを確認するためにデリーメトロに乗って赴いた。ダイレクトリーにはすべてのショッピングモールが記載されているわけではないので，メトロに乗っているときには車窓から街を観察し，ショッピングモールをみつけることができれば途中下車して確認した。こうした調査の成果が図14-2である。

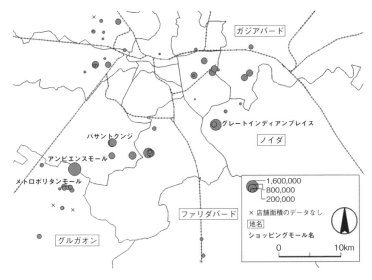

図 14-2　デリー首都圏におけるショッピングモールの立地展開
(Operational Shopping Centres & Malls Next 2010 "Malls of India" および筆者による現地調査をもとに作成)

　全体的な傾向をみると，ショッピングモールはデリー市の既成市街地（オールド
デリー）には少なく，ニューデリーの都心部に位置するコンノートプレイスから半
径 5km 以上離れた郊外地域に多い。とくに，デリー南部から南西部のグルガオン
にかけての地域にはショッピングモールが面的に展開している。これらの地域は富
裕層が多く，情報技術関連などで働いている中間層も多いなど，郊外市場の魅力度
の高さが大きな特徴となっている。それに対して，オールドデリーを中心とした既
成市街地は，職住の混交地域であり，土地も細分化されているため，ショッピング
モールを開発できるような大きな区画の土地は極めて限られている。
　参考文献を読んでみると，デリー首都圏におけるショッピングモールの立地は，
1990 年代後半にグルガオンやノイダからはじまった。そうしたショッピングモー
ルは中小規模のものが多く，開発された新興住宅地を商圏とするようなものが中心
であった。2000 年代に入ると，デリー市内においても中小規模モールの開発が進め
られていく。2007 年にはニューデリー南部のサケート地区において大規模なモー
ル集積地が開発され，広域的な集客を目指したショッピングモールが開始された。
その後，アンビエンスモール（Ambience Mall）やグレートインディアンプレイス

（Great Indian Places）といった巨大モールの開発，バサントクンジにおける大規模なモール集積地の開発が進められるようになった。

　このように，中小規模のモールから巨大モールへ開発が転換していった結果，ショッピングモール同士の競合が激しくなっていった。2000年代後半になると，より規模の大きいモールに客が集中していくようになり，中小規模のモールでは集客力が低迷してメーカーやブラントが撤退して空き店舗が増えていく。そして2010年代には，ショッピングモールの再編成が加速していくことになった。

　私が行なった海外でのフィールド調査は，綿密に計画を立てて進めたというよりは，現地で観察し，ホテルに戻って今日の調査結果を整理し，明日の行動計画をたてて調査する，という試行錯誤の繰り返しであった。よって，ホテルでの休憩と明日に向けての準備の時間が，このフィールド調査で一番重要であったと考える。このような現地での試行錯誤は苦痛であるとともに楽しい面でもあるので，海外でのフィールド調査にチャレンジしていただきたいと考える。

■こんな文献もあります

Abhijt, D. 2006. *Mall Management with Case Studies*. Dehli: Taxmann Allied Services Ltd.
Operational Shopping Centres & Malls Next 2010. *Malls of India*. Dehli: Operational
　　Shopping Centres & Malls Next.

15　バングラデシュの物乞いを
テーマに論文を書く

【元になった論文】
杉江あい 2013. バングラデシュ農村部における「物乞い」の慣行と行動. 地理学評論 83(2)：115–134.

杉江あい（京都大学）

　「地理学なら何でもできますよ」というマジック・ワードを真に受け，学部2年生になった私は地理学を専攻した。たしかに，地理学の研究対象は地球上のあらゆるものであり，他の学問と違って，「○○の地理（学）」とすれば何でも研究テーマになりうる。しかし，どのような研究でも地理学として認められるかといえばそうではない。地理学的な研究として認められるには，地理学的な研究テーマや対象，方法のいずれかをとるか，またはそれらを組みあわせることが必要である。私が卒業論文で取り上げた，いわゆる第三世界の物乞いは，これまでほとんど地理学では対象とされてこなかった。本章では，これをどのように地理学的な論文にしたのかを，海外調査における留意点とともに述べる。本章が「それって地理学なの？」と言われて悩んでいる方の一助になれば幸いである。

1　海外調査の準備

　調査前の準備段階では，日本で手に入る文献・資料を収集し，目を通しておくのが理想である。今は，地図や統計資料などはインターネットで入手できるものも少なくない（図15-1）。国や地域によっては地図が整備されていなかったり，入手が難しかったりする場合もあるが，そういうときはGoogle Earthも確認してみよう。各国・地域の教科書や研究ハンドブックには，入手可能な資料の一覧が載っているものもある（長崎2002）。また，この時に自分の卒論やレポートの見本となる論文をみつけられるとよい。この準備で，研究テーマや研究計画を構想し，調査で質問する具体的な内容に関してもゼミで発表しておこう。研究対象が物乞いのように，地理学であまり一般的なものではない場合，論じるテーマや手法を地理学的な

112

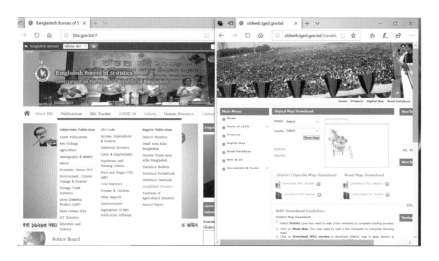

図 15-1　資料収集ができるウェブサイトの例

左は LGED（Local Government of Engineering Department），右は BBS（Bangladesh Bureau of
Statistics）のウェブサイト。LGED のサイトからはバングラデシュ全県・郡の地図や道路データ，
BBS のサイトからは人口統計などさまざまな統計をダウンロードできる。
出典：http://oldweb.lged.gov.bd/ProjectList.aspx，http://bbs.gov.bd/#

ものにできないか，検討してみる。たとえば，文化人類学者やその他の地域研究者
による研究では，歴史と社会に焦点があてられやすい。そこで地理学的な視点を導
入できないか，あるいは地理学的な視点からみて明らかになっていないことがない
かを検討する。バングラデシュの物乞いについては，文化人類学者の西川麦子先生
による優れた研究がある。私はその研究をふまえたうえで，物乞いの家族構成や収
入などの基本的な情報や小規模融資プログラムの利用状況に加え，最近 1 週間の空
間的行動を調査した。

　海外調査は，研究助成を受ける機会がほとんどない学部生には気軽に何回もでき
るものではない。しかし，できれば事前調査，本調査，事後調査を行うのが理想的
である。事前調査で実際に設定したテーマや計画で本当に論文を書くことが可能か
を検討し，場合によっては変更する必要があるためである。また，私の経験上，フ
ィールドワークをした後の方が，格段にその地域に関する先行研究の内容を理解で
きるようになる。私はアルバイトをして何とか卒論に向けて 3 回（学部 3 年生の春
休み，4 年生の 6 〜 7 月，夏休み），調査を行なった。

　観光地以外の海外調査では，フィールドに入るためのツテを自分で探さなければ
ならない場合もある。国や地域によってはビザや調査許可も必要になる。手っ取り

September 1, 2015

Dear Whom it may concern,

This is to introduce my Ph.D student, Ms. A. Bugis (Aisha Khanam). She is a promising young researcher and a winner of 2013 AJG Award (AJG: Association of Japanese Geographers).

She studies rural Bangladesh and is now investigating the historical transition of land tenancy and ownership in rural villages. I understand your office has valuable archives on villages in Tangail District. She would very much like the opportunity of accessing your documents and records listed on the next page.

Bangladesh has meant so much to Ms. A. Bugis (Aisha Khanam) since her first visit there. I am sure that she will contribute international academic research on rural Bangladesh as well as cultural exchange between Bangladesh and Japan.

Yours Sincerely,

Kohei Okamoto
Prof. and Dr. in geography, Nagoya University
Member of Science Council of Japan

List of documents

1. Cadastral survey map of Gaulli*
2. Aerial survey map of Gaulli
3. Cadastral survey record of Gaulli

*Village of Gaulli in Banail union, Mirzapur upazila.

Utilization purpose of documents

Academic research on historical transition of land tenancy and ownership in villages.

Social stratification (including caste) in South Asia has drawn great attention from human and social scientists. Many researchers have discussed on interrelationship between social stratification, political power, economic class and ritual ranking. This study also seeks to contribute in the discussion focusing on a Muslim occupational group and Hindu caste groups in rural Bangladesh. The records above enable to examine the interrelationship between social stratification and economic class based on landholdings and its change. The records have been used as invaluable source in academic researches because little old data is available in Bangladesh. Some previous researches such as van Schendel's 'Peasant Mobility' published in 1981 exposed fragmentation of landholdings and impoverishment of villages, tracing the change of land tenancy and ownership by referring cadastral survey record and fieldwork. Following this method, this study tries to trace the change of landholdings of the occupational group and Hindus and their land transaction.

図 15-2　指導教員の先生に書いていただいた紹介状
これは，2015 年の調査でバングラデシュの行政機関に提出したもの。2 ページ目（右）には提供を依頼する資料について書いてある。

早いのは，現地の日本大使館や NGO などの公的機関に相談することである。この場合は，指導教員の先生に紹介状を作成してもらうとスムーズにいくであろう。しかし，こうした機関を通して現地に入ると，その機関によるバイアスが調査に影響を及ぼす可能性がある。それを避けたい場合は，その国・地域の研究を行なっている日本人研究者とコンタクトを取り（直接メールをするのでも，学会などで体当たりしてみるのでもよい），フィールドに入るための仲介役をお願いするのも一つの手段である。いずれの場合にせよ，図 15-2 のような紹介状・調査協力依頼状は，現地の行政や研究機関などで資料提供を依頼する際に役立つので，指導教員の先生に作成してもらい，調査時に何部か持っていくとよい。なお，指導教員やフィールドに入るための仲介者になってくれた人に迷惑をかけないためにも，フィールドワークにおける安全対策は怠らないようにしよう（本書 2 章，17 章参照）。また，フィールドワーク中に現地の人，同行した教員や仲介者からハラスメントや性暴力を受けるケースも少なくないということも，知っておいてほしい（飯嶋 2020：116–117）。

2　調査時の注意とデータの分析

英語圏以外の地域では，学部生の段階で現地語を習得するのは困難なため，地域

図 15-3　市場で施しを与えられ，与え手のために祈る男性
顔がはっきりしない写真は許可を取らなくてもよいが，顔がはっきり映り，人物を特定できる場合
は，本人から使用許可を取らずに論文掲載などをすると，肖像権の侵害になる。

の事情に精通している通訳兼ガイドが必要となる（その適任者を探すうえでも，上記のような仲介者が欠かせない）。そのため，研究計画や質問項目などはあらかじめ英語（通訳者が日本語話者なら日本語でよい）で作成しておき，調査をはじめる前に通訳者と調査の意図や内容を共有しておこう。この手順をふまないと，いざインフォーマントを前にしたときに，通訳者と話がかみあわず，調査がうまくいかないかもしれない。調査では，インフォーマントから聞き取った内容だけでなく，調査日，調査場所，インタビューをした場合はインフォーマントの名前や属性，またどのような状況で話をしたのか（他にどのような人が同席していたのかなど）をフィールドノートに書いておくと，後から見直したときに当時の様子を思い出しやすい（個人または世帯ごとに質問票を作成していく場合は，これらの項目を含める）。インフォーマントの連絡先も聞いておいた方がよい。今では多くの国・地域で携帯電話が普及しているので，帰国後に確認したいことができても電話で尋ねることができる。人物が特定できる写真を撮った場合には，論文でその写真を使用してもよいか，許可も取っておくと後で困らない（図 15-3）。

　自分で調査をする時間が限られている場合は，通訳者などにデータ収集を頼んでもよい。私は通訳者に質問票を渡し，家に来た物乞いの年齢や出身村などを記録してもらった（図 15-4）。また，調査期間が限られているなかでは，自ら手書き地図

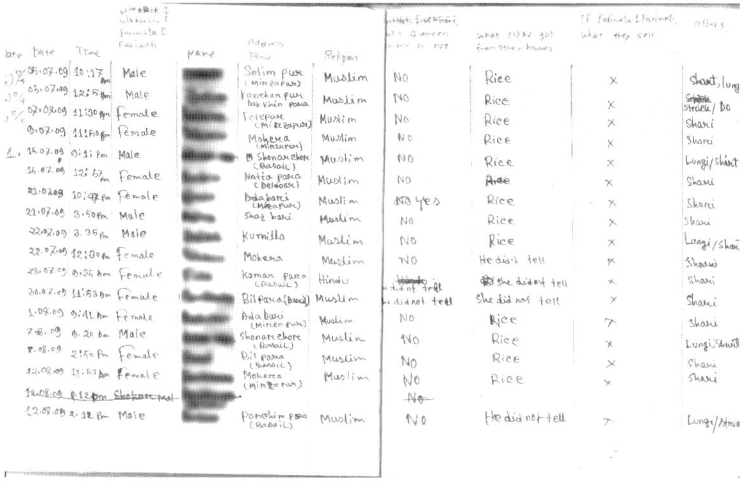

図 15-4　通訳者の家に来た物乞いの記録（通訳者作成）

を作成したり，インフォーマントから聞き取ったローカルな地名を地図で特定したりできない場合もある。GPS を持っていき，自分の軌跡や地名のポイントを記録しておくと，調査後に Google Earth や Bing Maps, GIS などを用いて地図を作成できる。ただし，国や地域によっては中国のように GPS が持ち込み禁止になっているため，注意する必要がある（本書 11 章も参照）。

　さて，集めたデータをどのように整理・分析するか。ここで注意したいのは，あるデータが質的なものなのか，量的なものなのか，あるいは，分析者がどちらを重視するのかという点である。一般的な傾向を示したいのであれば，データは量的なものとして扱う。たとえば，私が 3 か所の定期市で聞き取りを行なった物乞い 37 人中，27 人（7 割以上）が障がい者であった。このことから，定期市の物乞いには障がい者が多いという傾向がわかる。他方でデータの質を重視する場合は，数量化するのではなく具体的に記述する。質的なデータは，参与観察したフィールドの人びとの言動や実践，ライフヒストリーなどの語りなどである。たとえば，私と通訳者が，通訳者の出身集落の一員で，物乞いをしている女性のバリ（屋敷地）に行き，インタビューしようとしたところ，そのバリの居住者に「うちのバリには物乞いはいない」と拒否された。この出来事自体が，住民の間で物乞いをすることが恥としてとらえられていることを示す一つの調査結果であり，論文のなかに記述される質的なデータである。調査には軽量 PC を持っていき，集めたデータはできる限りその日のうちに，

図15-5　施しに関する聞き取りデータを打ち込んだエクセルシート（左）と
それをもとに作成した表の一部（右）

量的なものは Excel，質的なものは Word などに打ち込んでデータベース化／文章化
しておくとよい（図15-5）。そうすることで，フィールドノートに書ききれなかった
ことも忘れずに記録でき，帰国後のデータ整理作業もずいぶん楽になる。
　某地理学系学術雑誌の編集委員を務めていたある先生は，「地図のない論文は
（その雑誌に）載せない」とおっしゃっていた。地図がないと地理学的に思考して
いないとみなされるからである。もちろん，これはあくまでその先生一個人のお考
えではあるのだが，ここで言いたいのは，それほど地理学では地図が重視されると
いうことである。地図はとくに使わないという人も，論文にはせめて対象地域図を
入れ，その地域の概要を記述しよう。地図をつくることはそれ自体が一つの成果に
もなり，また現象を空間的に思考・分析・提示するための手法でもある。私は帰国
後，物乞い一人ひとりの1日の空間的行動を GIS で地図化した。その結果，性別や
障がいの有無によって行動範囲（移動手段）やパターンが異なることがわかった。
障がいをもたない女性の物乞いは，おもに自らの集落を除く近隣集落を歩いてまわ
るのに対し，障がい者の場合，郡を越えて広く移動し，おもに市場で物乞いをして
いた（図15-6）。この違いの要因として，女性はパルダ（身体的に成熟した女性が近
親以外の男性の目にさらされないようにする，パキスタン，北インド，バングラデ
シュなどで見られる規範）の影響を受けており，また，障がいをもつ物乞いには定
期市でサダカ（イスラームにおける自発的な喜捨で，しばしば現世での願い事のた
めに与えられる）が与えられ，市場での場所代・バスの運賃免除といったインフォ
ーマルな優遇措置がとられていたことが挙げられる。これらの要因の考察は，フィ

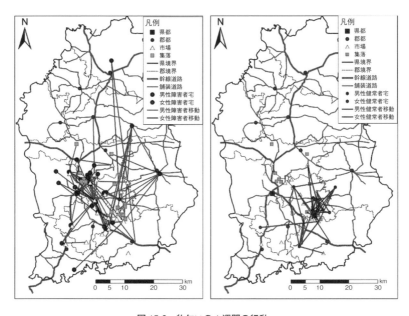

図 15-6　物乞いの 1 週間の行動
一見して障がいをもつ物乞いの方（左）が，障がいをもたない物乞い（右）
よりも広範囲を移動していることがわかる。

ールドワークで実際に見聞きしたことに基づく。この研究結果を受け，物乞いと施しの慣行が定期市やバス交通網を含む広域な地域社会の仕組みに組み込まれていること，また物乞い自身が集落の一員として日常生活を営む空間と，物乞いをしに行く空間（＝集落外）を分けることで，自らの尊厳を守っていることを論じた。このことは，空間的行動に着目する地理学的な視点から新たに明らかになった，バングラデシュにおける物乞いと施しの慣行の一側面である。

3 「はじめに」はおわりに書く

　上記のような研究成果がみえてきても，「はじめに」を書こうとしてつまずく人が多いのではないだろうか。第一に，論文やレポートを書きはじめた段階で，「はじめに」を素直に最初から書いて完成させようとしてはいけない。「はじめに」は研究成果をまとめ，結論を導いてから完成させないと，首尾一貫したものにならないからである。「はじめに」は，実はおわりに書きあげるものなのである。第二に，「は

じめに」では，先行研究をふまえたうえで研究背景と目的を書き，自分の研究の位置づけを明確にする必要がある。もともとは個人的な興味や関心から出発していても，それをそのまま研究の背景に書くわけにはいかない。私は指導教員の先生によく，「先行研究を批判しなさい」と言われていたが，そのときは「批判する」ということの意味をよく理解していなかった。学術研究における批判とは，先行研究の成果を否定することではなく，それをふまえたうえで異なる見方・考え方や，それによる発見・発展があることを建設的に議論することである。そのため，先行研究のレビューは単なる研究の羅列ではなく，そこからどのような論点や問題を導くことができるのか，そして，それに対して自分の研究がどう貢献するのかを考えて書く必要がある。

　私は物乞いを貧困問題の一つとして位置づけ，貧困研究の枠組みで卒論を書いたが，それに納得できずにいた。そのため，市場研究や障がい研究として書き直そうとしたこともあった。試行錯誤するなかで，物乞いや乞食，beggar という言葉を含む本や論文を，分野に関わらずとにかく片っ端から読んでみたところ，地理学の研究が西欧諸国や都市部の物乞いを世俗の社会問題とする体制側の視点をはじめから内在化していることに気づいた。そして，物乞いを地域社会から福祉のあり方を問うための一つの事例としてとらえる視座を導いた。地理学に多くの蓄積がある無難な研究テーマや対象を選択するのもよいが，本当に自分が情熱をもって取り組める研究にすることが重要である。また，地理学でこれまで扱われてこなかった研究テーマや対象にあえて取り組むことで，これまでの地理学の限界を照射し，地理学の可能性を広げる先駆的な研究につながるかもしれない。

■引用文献
飯嶋秀治 2020．人類学の安全教授と大学のガイドラインの間で．澤柿教伸・野中健一・椎野若菜編『FENICS100万人のフィールドワーカーシリーズ9 経験から学ぶ安全対策』113-123．古今書院．
長崎暢子編 2002．『現代南アジア——地域研究への招待』東京大学出版会．

■こんな文献もあります
西川麦子 2001．『バングラデシュ／生存と関係のフィールドワーク』平凡社．
水島　司・柴山　守編 2009．『地域研究のためのGIS』古今書院．

16 産業から地域をみる
スペインワイン産業の研究

【元になった論文】
齊藤由香 2004. スペインにおけるワイン醸造業の発展過程とその地域的差異. 地学
　雑誌 113(1)：62-86.

齊藤由香（金城学院大学）

1 土地への興味・関心を研究課題に結びつける

　自分の好きな国・地域に実際に足を運び，その土地について深く探求することができる——これは，フィールドの学ともいえる地理学の最大の魅力であり，醍醐味でもある。私の場合，その対象が大学生の時に出会ったスペインであった。

　学部3年次を終了後，語学留学のためにスペインに渡った私は，国内のさまざまな土地を訪れるうちに，その地理的多様性にすっかり魅了された。四方を海に囲まれ，地勢の変化に富んだスペインでは，地域によるコントラストが非常に明瞭で，自然環境はもちろんのこと，景観，言語，祭りや食文化，ひいては人びとの気質まで，地域が異なるとまるで別の国に行ったかのように変化する。また過ごしやすい気候，種類豊富で美味な食材等，人びとがいわば自然の恵みを享受しながら生活しているところに，この国の魅力と豊かさを感じた。

　人と土地とのかかわりあいから，スペインの地理的多様性を明らかにすることができたら——そんなぼんやりとしたアイデアを抱きながら帰国するも，いざ卒論のテーマを考える時期になると，当時の自分の能力と経験のなさからスペインに対する興味・関心をアカデミックな研究課題に結びつける方法をみつけられなかった。結局，卒論は地元名古屋で当時関心のあった工業地理のテーマで書いた。修士課程に進んだ後は，ようやくフィールドをスペインに移したものの，テーマを大幅に変える余裕もなく，卒論の延長線上で自動車産業の研究に取り組んだ。この研究は非常にやりがいのあるものであったが，突き詰めるほどにスペインの研究ではなく，企業の研究になってしまった。同じく産業の研究をするにも，もっとスペインという土地にアプローチできないものか。悩んだ末，博士課程では新たにワイン産業の

研究をはじめることにした。「テロワール（terroir）」という言葉にも象徴されるように，土地の自然環境や伝統文化と深く結びついたワイン産業ならば，産業を通じて自らの関心の原点であった，スペインの地理的多様性をみることができるのではと考えたのだった。

以下で紹介するのは，私が博士課程を通じて取り組んだ研究の話であるので，卒論を書こうとしている学部生にはやや不向きなのかもしれない。一方で，近年のグローバル化と情報化にともない，海外のフィールドはより身近に感じられるようになり，なかには早くから海外研究に挑戦する人もいるのではないだろうか。本章では，海外の国や地域に対して抱いた興味・関心を，いかに地理学の研究に結びつけたらよいのか，その後どのように研究を組み立て，現地調査に移していったらよいのか，という道筋を示せたらと思う。

2 対象へのアプローチ

「海外研究を行うには，まず何からはじめたらいいのですか？」と聞かれることがたまにある。これに対して，私が最初に勧めるのは「対象についてよく知ること」である。

もちろん海外研究にかかわらず，自らが対象とするテーマやフィールドについて基礎的知識を得ることは，いかなる研究においても基本であるが，日本とは異なる前提やコンテクストをもつ外国の地域を対象とする場合には，なおさら重要であろう。対象について知らなければ，なぜそれを取り上げるのか（研究の意義），取り上げる場合に何が面白いのか・何に注目すべきなのか（着眼点・視点）が思いつかないし，そもそも研究の「問い」（研究目的）を立てることができない。

対象について知るための方法はいろいろあるが，まずはテーマに関連する「古典」ともいうべき文献を読むのがよい。いきなり個々の研究論文に当たるのではなく，全体像を把握できるような，いわば概説書のような本を2, 3冊読むことをお勧めしたい。

ワインの地理学初心者であった私は，「スペイン」・「ワイン産業」・「地理学」のキーワードをすべて満たすような概説書を探してみた。しかし，そのような都合のよい本は（スペイン語であっても）なかなかみつからなかった。そこで，まずはスペインにこだわらず，ワイン産業を研究するさいの地理学的視点を学ぼうと，ワイン地理学を論じたヨーロッパの地理学者の著作（Unwin 1996；ディオン 1997）を

読んだ。とくにディオンの議論は，環境決定論的にとらえられがちなワイン産業の成り立ちを環境可能論的に，つまり土地に対する人間の主体的な働きかけに注目してとらえることの重要性を教えてくれた。一方，スペインのワイン産業については，当時スペイン人地理学者による研究書がほとんどなく，経済史の分野で探さざるをえなかった。現地の経済史家による研究は，スペインワイン産業の歴史的発展を知るうえで大いに参考になったが，やはり地理的な記述は限定的であった。しかしながら，幸運なことにそのなかで引用されていた文献を辿るうちに，スペインワイン産業の地理・歴史を全国スケールで論じた理想の書に出会うことができた。それが，フランス人地理学者による『スペインのブドウ畑とワイン（原典タイトル：*Vignobles et Vins d'Espagne*)』(Huetz de Lemps 1993) である。スペイン全土のワイン産地を網羅し，各々の自然条件，伝統的技術，生産構造，市場等を詳細に記述した同書は，まさしく「スペインワインの地理書」であり，のちに私がワイン産業の研究を志すうえで重要な知識基盤を提供してくれた。

　これらの「古典」を読むことで，当初想定していたように，スペインワイン産業の展開が地域的にかなり多様であることを確認すると同時に，そうした地理的多様性を生み出す要因を分析するさいに注目すべき側面とは何かを知ることができた。

３ 研究の目的と方法の設定

　対象に関する基礎的知識を得たところで，ようやく「問い」がみえてきた。「スペインのワイン産業の地理的多様性がいかに生み出されたのか？」という大きな問いに，自分なりに答えてみたいと思った私は，まずは一国スケールでスペインワイン産業の発展過程を明らかにするなかで，その地域的差異に注目しながら分析してみようと考えた。

　ただし，地理的差異といっても，当時（2001 年）のスペインには原産地呼称認定ワイン産地だけ数えても 60 近くあり，すべての産地の発展過程を個別にみるわけにはいかない。あれこれと思案しながら，先の Huetz de Lemp (1993) や他の既存研究を読み進めていくうちに，産地の地理的位置や製品特性に着目すると，似たような発展経路を辿った産地をある程度グルーピングできることがわかってきた。すなわち，ワイン産業の商業的発展には「どのようなワインをつくり，それをどこに売るのか？」という，製品特性（品質）と市場（商圏）が深くかかわっており，これらが産地の発展経路をみるうえで重要な鍵となることに気がついた。さらに，製

図16-1 スペインにおける原産地呼称認定ワイン産地の類型（2001年）

品特性（品質）や市場（商圏）のあり方は，気候・土壌等の自然条件，市場へのアクセスを規定する立地条件，技術革新や市場開拓に熱心な企業家の存在といった，産地の地域的条件に規定されていることも，概ね見当がついてきた。

　そこで，まずは全国のワイン産地を「品質」・「商圏」の二つの指標に基づいて類型化し（図16-1），発展パターンを示したうえで，各パターンから代表的産地を抽出し，各々の発展過程について諸々の地域的条件とのかかわりから分析する，という手続きをふむことにした。

4　現地調査を実施する

　目的と方法が決まったら，いよいよ現地調査である。たいていの場合，現地での滞在期間は限られるし，頻繁に調査に行けるわけではないので，周到な準備をして臨みたい。その際，「日本でもできること／現地でしかできないこと」の仕分けをき

ちんと行うこと，現地では「いつ・どこで・どんな調査を行うのか？」という行動
計画を立てることがポイントとなる。

　現地調査の内容は，人文地理の場合は一般に，①地図・統計・文献等の資料収
集，②現場での観察，聞き取り等によるフィールドワーク，の大きく二つに分かれ
るだろう。

　①の資料収集については，現在ではインターネット上でかなりの資料を入手可能
で，日本に居ながらできることは多い。スペインの場合であれば，地図資料の多く
は国や自治州の地図院のウェブサイトから無償でダウンロードできるし，統計資料
についても行政機関や関連する組織・団体等のサイトで閲覧・入手が可能である。
文献資料はものによるが，行政の刊行物にせよ研究論文にせよ，多くが PDF 等で
提供されているので，書誌情報がわかればまずインターネット上で検索してみるこ
とをお勧めする。それでも手に入らない資料（たとえば刊行年次の古いもの）は，
現地の図書館や大学，行政機関の資料室等で探すことになる。一か所で済むことは
ほとんどないので，どの資料がどこに行けば入手可能なのか，資料ごとに目星をつ
けておくと，現地での作業がスムーズになる。

　この研究の資料収集は，スペインワイン産業に関する基礎資料，ならびに先述
の産地の類型化と個別産地の検討に必要な統計・文献の入手が主な作業となった。
当時はまだ現在のようにオンライン化が進んでいなかったため，基本的には現地に行
き，国の農水食糧省の資料室，国立図書館，大学図書館等で資料の閲覧・複写を行
なった。しかし，複写には制限があるため，参照頻度が高く，とくに重要と思われ
る資料や書籍は，可能な限り，書店や行政機関等で購入するようにした。

　②のフィールドワークについては，産地における統制委員会やワイン事業者（醸
造企業や醸造組合）へのインタビュー調査が中心となった。

　スペインでの調査の場合，インタビュー調査に向けた準備はほぼ日本でできる。
連絡先がわかれば，事前にメール等でアポイントを取ることは可能であるし，質問
内容を考える，質問票を作成する等の作業は，調査に出かける前に済ませておくべ
きであろう。とくに日本語ではない，慣れない言語でのインタビューとなるので，
自分の聞きたいことが相手に正確に伝わるよう，十分に質問を練っておく必要があ
る。また，アポイントをとる時に質問票も併せて送っておけば，相手にとって親切
であろうし，場合によっては回答や資料をあらかじめ用意してくれることもある。
私の経験から言うと，メールを送ってもなかなか返事が来ない……ということが時
折あるが，現地に着いた後で直接電話してみると，意外とすんなりと応じてくれる

こともある。「返信がない＝断られた」とも限らないので，諦めずにトライしたいところである。あとは，インタビューの場で本当に聞きたいこと，つまり優先度の高い質問により多くの時間を割けるよう，自分でも調べられる事柄（企業の基本情報等）は，できる限り事前に把握しておきたい。

5 調査結果のまとめ方

　この論文をまとめるにあたりもっとも苦心したのは，先行研究との違いを出しつつ，スペインワイン産業の発展過程の地域的差異をどのように提示するのかという点であった。複数の事例産地を比較するにしても，個々の発展過程を時系列的に記述し，横に並べるだけでは，既存研究の寄せ集めになってしまう。定性的な分析とはいえ，地域による発展過程の違いをよりダイナミックに描けないものか。そこで，産地に内在する地域的条件のみならず，需要の変化や交通システムの発達といった外部環境の変化にも目を向け，各産地がこうした環境変化にどう対応したのかという視点から考察することにした。これは，先のディオン（1997）から学んだ視点でもある。最終的に，たしかに自然環境や市場への近接性，企業家の役割等の地域的条件は，ワイン産地の発展経路を左右する重要な要素であるものの，これらを静態的にとらえるべきではないこと，すなわち，地域的条件のもつ意味自体が外部環境の推移にともない変化するものであり，自らの地域的条件を活かしつつ，変化に対応できた産地とそうでない産地の間で，時代により相対的な位置づけが再編されていくことを結論づけた。

6 海外研究を成功させるために

　以上，海外研究の一例として，私がスペインで行なった調査研究を紹介したが，これが可能となった前提として，現地の言葉（スペイン語）が理解できたことがある（コラム参照）。もちろん，海外研究は（英語圏以外の地域でも）英語で何とかなることもあるし，言葉がわからなくても可能な調査もある。一方で，インタビュー調査を行なったり，複雑な資料を入手したりと緻密な地域調査を実施しようとすると，やはり現地の言葉に通じていることが望ましい。対象とするフィールドのことをより深く知るという意味でも，ぜひ言語の習得に挑戦してほしいものである。
　言語に加えて，海外研究を行ううえでのバリアになりうるのは距離の制約，つま

り思い立った時に調査に行けないということである。もちろん，近年ではインターネット上で提供される情報は多く，場合によっては現地に行かなくても済むこともある。とはいえ，現場でしか得られない生のデータをもとに地域の様子を生き生きと描けるところに，海外研究の意義と魅力があるのではないだろうか。頻繁にとはいかないまでも，海外をフィールドとする場合もやはり，できるだけ現地に赴き，自分の足で歩くこと，自分の目で観察すること，土地の人に話を聞くことを大切にしてほしいと思う。

　最後に，これは海外研究に限ったことではないが，ある土地に興味を引かれた場合，たとえそれが（最初は）学術的な問題関心でないにせよ，その時の直感や好奇心を大切に育ててほしい。とくに地理学は土地に関する学問なので，自分が感じた地域の魅力を何らかの形で地理的な研究テーマに結びつけることは可能なのではないか。私も多少の回り道をしたものの，スペインという土地にこだわりと愛着をもち続けたことで，ワイン産業という，人と土地の関係性をみるのにふさわしいテーマにめぐり会えたのだと思う。

■引用文献

ディオン, R. 著, 福田育弘訳 1997. 『ワインと風土——歴史地理学的考察』人文書院.
　　(Dion, R. 1990. *Le paysage et la vigne. Essais de géographie historique.* Paris：Payot.)
Huetz de Lemps, A. 1993. *Vignobles et Vins d'Espagne.* Bordeaux: Presses Universitaires de Bordeaux.
Unwin, T. 1996. *Wine and the vine: An historical geography of viticulture and the wine trade.* London: Routledge.

■こんな文献もあります

竹中克行・齊藤由香　2010.『スペインワイン産業の地域資源論——地理的呼称制度はワインづくりの場をいかに変えたか』ナカニシヤ出版.

第1部

第2部

第3部

【コラム】外国語の習得——フィールドの言語（ことば）を学ぶ意義

齊藤由香

■なぜ外国語の習得が必要か

　海外研究といっても，テーマ設定の仕方によっては，必ずしも現地の言葉に通じていなくても可能な場合もある。地図を解読する，統計を分析する，目視による観察を行う，といった方法がその例である。一方で，本格的な地域調査を行おうと思うと，コミュニケーション手段としての言語はやはり欠かせないツールである。たとえば，日本の地域に関する研究資料として日本語で書かれたものが圧倒的に多いのと同様に，海外の地域のことを知ろうとすれば当然，現地の言葉で書かれたものにふれざるをえないだろう。あるいは，海外でインタビュー調査を行いたい場合，（英語が通じない場合はとくに）実際の聞き取りはもちろんのこと，調査の申し込みをする，質問を用意するといった事前の準備も，その土地の言語で行うことになる。もちろん，外国語の習得は容易なことではないが，逆に言語の壁を乗り越えることができれば，海外で実現可能な調査の幅は格段に広がる。

　これまで私はスペインを主なフィールドとして研究してきたが，それが可能になった理由として，何よりスペイン語の習得によるところが大きい（16章参照）。

■どのように習得したか

　スペイン語を習得したのは学部生時代であるが，けっして現在のようなスペインでの海外研究を目指していたわけではない。当時は南米に関心があり，第二外国語としてスペイン語をはじめたのがきっかけであった。ただ，週2回の授業ではもの足りず，NHKのラジオ講座を聴いたり，検定試験に挑戦したり，留学生のランゲージパートナーをしたりと，自分なりに語学力を磨くための方法を模索した。しかし，私のスペイン語は一向に上達しなかった。「日本でいくら勉強してもだめなのかも」と思った私は，学部2年次の夏とりあえずスペインに短期留学することにした。わずか3週間ではあったものの，いわゆる"スペイン語漬け"になることで得られた学習効果は想像以上に大きかった。「もっと長く居たら，もっとできるようになるかも」と期待した私は，学部3年次を終えた後，再びスペインに渡った。憧れの南米ではなく，またスペインを選んだのは，先の渡航で"とりあえず"行ったはずのこの国にはまってしまったからである。北東部の都市サラゴサに滞在しながら，大学付属の外国人コースで約10か月間スペイン語を学んだ。語学の授業は1日中ではなかったので，期間の後半には学部の地理学の授業を聴きに行くこともあった。こうして1年ほど居るうちに，日常会話に困らない程度にはスペイン語を使えるようになった。

■どのように維持するか

　外国語は使わないと忘れてしまいがちだが，少なくとも研究に必要な語学力を維持するうえで大切なことは，たとえ発話する機会がなくても，「読書」を継続することである。私の場合，インタビューという手法がフィールド調査の柱をなしているが，これは必ずしも日常会話ができれば可能というわけではない。インタビューを成立させるには，調査相手とコンテクストを共有することが非常に重要であり，そのためには調査者自身がその業界・分野での専門用語や独特な言い回しに通じている必要がある。たとえば，私がはじめてスペイン語で行なった調査は，日系自動車企業の現地サプライヤーへのインタビューであったが，当時自動車部品の名称や生産システムに関する用語が頭に入っておらず，相手の言っていることが十分に理解できなかったばかりか，自分の研究についてもうまく説明できなかったという苦い経験がある。ゆえに，現地の言葉で書かれた文献・資料を読むことは，語学力の維持という点だけではなく，テーマに関する知識を深め，現地調査を成功させるという意味でも重要といえる。

　以上，海外研究を行ううえでの言語の必要性を論じてきたが，それはたんに調査を成功させるためだけではない。現地での滞在をより豊かで快適で，かつ安全なものにするため，そして自らがフィールドとして選んだ土地のことをより深く理解するために，外国語の習得が大切なのだということを，最後に強調しておきたい。

図　スペイン・セビリアの風景（グアダルキビル川に臨む黄金の塔）

17　カリブ海に注ぐ河を遡る
ニカラグア・モスキート平野のフィールドワーク

【元になった論文】
池口明子 2020. ニカラグア・モスキート平野におけるウルワの湿地生態史と地名の
　関わり. 国土地理協会学術研究助成報告書 5：121–134.

池口明子（横浜国立大学）

1　目からウロコの海外調査

　「あなたのお父さんも，お母さんも，お祖母さんも，お祖父さんも，日本人な
の？」。信じられない，という顔で私にこう訊いたのはニカラグア東海岸，カリブ海
に注ぐアワルタラ（スペイン語でリオ・グランデ・マタガルパ）川沿いにあるカラ
ワラ村の女性たちである。彼女らが驚いた理由は，彼女ら自身がインディヘナ（先
住民）系，アフリカ系，メスティソ系，アジア系などさまざまな出自をもっている
からである。私は2016年3月から11月までの9か月間，カラワラ村に滞在して現
地調査を行なった。私が関心をもっているのは，熱帯湿地の環境利用である。カリ
ブ海地域には，さまざまな出自の人びとがともに暮らし，自然環境の利用をめぐっ
て対立と交渉を繰り返してきた。私はこの地域のダイナミックな湿地環境と，多様
な出自の人びと，そして対立を解決しようとする英知に出会って魅了された。海外
に行けばよい研究ができるというものでもないが，自らが育った環境と異なる場所
に身を置くことは，自明と考えてきたことをあらためて深く考える契機になる。し
かし，海外調査というと，「危なくないですか」と心配する人は多い。「危ない」の
なかには，窃盗や傷害事件など，犯罪にかかわるリスクや，慣れない自然環境で暮
らす健康上のリスクなどがあるだろう。ここでは，カラワラ村での調査の一端を紹
介しながら，安全に調査するコツについて考えてみたい。

2　生き物から身を守る

　カラワラ村が位置するモスキート平野は，北米と南米をつなぐ細長い陸橋のうち

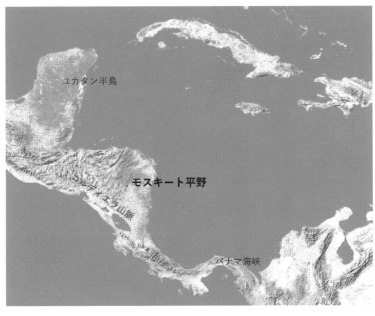

図 17-1　モスキート平野の位置 （出典：USGS）

北緯 10 度から 16 度の間に位置し，西のコルディエラ山脈から東のカリブ海に向かって流れる複数の河川によって形成された沖積平野である（図 17-1）。7 月ごろから 11 月ごろ，熱帯収束帯の影響下にあるこの地域には，カリブ海から湿った貿易風が吹き雨を降らせる。河口のラグーンをマングローブやヤシが囲い，河川下流域はかつてマホガニーやローズウッドなどの大木が繁茂する熱帯林であった。商業伐採がすすみ，森林はかなり改変されたが，今でもジャガーをはじめ多様な野生動物の生息地である。

　ところで，モスキート平野という地名の由来は「蚊」とする説や，沖合に複数ある島々が蚊のように見えるとする説があるが，あとで述べるようにどちらも不正解である。しかし，蚊が多いことは間違いない。雨季に森に入り，日が傾いてくると瞬く間に蚊に囲まれる。痒くて鬱陶しいだけではなく，気をつけなくてはならないのはマラリアやデング熱である。熱帯の村落で漁撈や焼畑といった生業活動を調査する研究者がもっとも悩まされるのが，これら蚊を媒介とする感染症であろう。

図 17-2 出作り小屋の村人と筆者

準備としては，抗マラリア薬を携帯することはもちろんであるが，マラリアにかかった場合にどの医療施設に行けばよいかをあらかじめ確認することも必要である。そして，なるべく蚊に刺されないように防備する。蚊よけスプレーは一時的にはよいが，熱帯では汗ですぐに流れてしまう。そこで私は，通気性のよい雨具と長靴，登山用の手袋，頭には防虫ネットという恰好で生業活動について行った（図 17-2）。この蒸し暑い恰好から体を開放できるのは，蚊帳の中だけである。蚊に対する抵抗力がない私の周りで，村人は「蚊が多いねー」と言いながら短パンに裸足で歩いている。夕方になると，周辺の木についているシロアリの巣を一つ採ってきて，それを家の風上に置いて火をつける。そこから出る煙が蚊よけである。

　こうして蚊から身を守り，森に入るようになったのは，人びとの生業技術を知るためだけではなく，地名を収集して地図をつくるためである。コントラ戦争とよばれる内戦終結後，ニカラグア政府は 1987 年に東海岸における先住民およびアフリカ系住民の自治を法的に保障した。しかし，戦争終結後に，軍・警察が東海岸から撤退した直後の沿岸地域には，数多くの企業や植民者が進出し，ずさんな手続きによって森林や鉱産資源，漁業資源の開発が行われるようになった。こうした開発への抵抗手段の一つとして用いられているのが，先住民による参加型地図作成である（池口 2017）。そもそも北米では，人類学者による先住民の民族誌作成の手段として用いられ，手描き地図を用いた集落立地や生業パターンの記述がなされてきた。1960 年代には，カナダでイヌイットが土地や資源への権利を主張するために地図を作成して以来，南北アメリカにおける先住民運動に広く用いられるようになった。1990 年代に入って GIS（地理情報システム）が普及し，GPS によって位置情報が手軽に作成できるようになると，これらの技術が先住民による地図作成にも導入

された。その大きな理由は，生業の場所や地名などに緯度経度をもたせることで，先住民権利を争う法廷での信頼性や一貫性を確保できるからである。一方，GIS を使った地図作成にはさまざまな課題もある。たとえばある地名によって特別な意味をもつ場所は，とりわけ生業活動では常に同じ位置にあるわけではない。湿地では，動物の水飲み場や魚の産卵場所は，地形や降水量などの物理的条件や，生物生態によって季節的あるいは長期的に変化する。また，大木や山など特定の目印をもちながらも，地図や文章によって人が指し示したり，公表したりすることが許されない神聖な場所もある。さらに，多様な出自をもつ人びとの集団にとって，地名として記載すべき言語も大きな問題である。GIS の倫理的・技術的な課題は，日本の地理学でも重要な研究テーマとなっているのである（若林・西村 2010）。

3　カヌーで川を遡上する

　私がこの研究をはじめるきっかけを与えてくれたのは，カラワラ村でウルワ語の保護活動をしていた村人の組織の代表を務めていたレオンソ・ナイトさんである。レオンソさんは，先住民言語グループであるウルワと，アフリカ系クレオールの出自をもち，州立大学で言語社会学を教える研究者である。ウルワはかつてモスキート平野を流れる河川流域に広く分布した先住民集団マヤンナ（スム）の下位集団で，焼畑や狩猟，漁撈を主な生業としてきた。一方沿岸には，別の言語を話す先住民集団であるミスキートが分布していた。モスキート平野とは，17 世紀末スペイン人著述家が，「ミスキートの土地」という意味でつけた地名である（Offen 2007）。ミスキートは 17 世紀半ばからイギリス商船と交易関係を結び，武器や弾薬を入手した。スペインの侵略に抵抗するべく，イギリスの保護領となったモスキート平野では，武器を持ったミスキートがしばしばマヤンナを迫害した。ドイツからモラビア教会が布教に入ってからは，ウルワもミスキート語に翻訳された聖書を読むことを強いられた。レオンソさんによれば，自らが幼少期には，ウルワ語は野蛮な言葉とされ，村の外で話すのをためらったという。内戦終結と同時に，米国の言語学者が村を訪れ，ウルワ語の収集をはじめた。その言語学者からウルワ語をはじめ，マヤンナ言語が危機に瀕していることを諭され，村に言語保護グループを立ちあげた。ウルワの自治領域を主張する際には，ミスキートをはじめほかの言語集団に対して，ウルワ語地名の由来を説明し領土を保護した経験ももっている。私が環境利用に関心をもっていることを伝えると，漁撈や狩猟などの生業技術が，賃金労働への従事や内

戦時の監禁によって失われたことを嘆き，ともに生業技術や地名の収集・記録をすることに同意してくれたのである。

　私たちが共同調査チームを立ちあげて最初にしたことは，カヌーを入手することである（図17-3）。カヌーはウルワが村と畑，漁場を行き来するための主要な交通手段であり，ほとんどの世帯が所有する。森林での活動に慣れたウルワにとって，カヌーはミスキートとの重要な交易財でもあった。現在も，車両用の道路がほとんどないカリブ海沿岸地域では，カヌーと馬が日常の足である。カラワラ村の多くの家族は，雨季に河川が両岸に栄養分を運ぶ氾濫原に畑をもっている。教会や学校がある村から畑までのカヌーによる移動時間は，1日から3日に及ぶ。とくに上流に向かって一日カヌーを漕ぐのは体力のいる仕事だが，村人はカヌーでの長旅を厭わない。途中で久しぶりに会う家族や友人，水面を跳ねる魚，水辺で休むカメや水鳥，畑に実るバナナの実や稲穂をみながら，カヌーでいろいろな話をするのを楽しみにしている。一方で，村人はカヌーの転覆や落水をとても恐れる。その大きな理由はワニである。アワルタラには2種類のワニ：アメリカワニ（*Crocodilus acutus*）とメガネカイマン（*Caiman crocodilus*）が棲む。日暮れの川岸で，メガネカイマンの赤い目が並んで光っている景色をみるのは珍しくない。ワニによる人身被害はめ

図 17-3　カヌーを使い潟湖でエビを採る人々

ったに聞かないのに，これほど村人が恐れるのは，その神秘性によるのだろう。水難事故を防ぐために，携帯しやすいライフジャケットを持っていくことは必須である。さて，カヌーの上で私がワニよりも心配していたのは，熱中症と雨である。涼しい風に吹かれていると，直射日光を忘れがちで，何度か調子を崩してしまった。強い雨が降ると，今度は寒いばかりか，荷物もずぶぬれになってしまう。地名を収集し，地図を作成するためのGPSやタブレット，充電器やソーラーパネルなどは，蓋つきのバケツで運搬したが，強い湿気と熱で電子機器はすぐ故障してしまう。GISの一番の弱点は，電源がなく湿気のある環境であまりにも脆弱なことだ。板や石に鉛筆で描く地図のなんと頼りがいのあることか。

4　争いから身を守る

　カラワラ村の生業地図作成のため，私たちはカヌーで河口の村からアワルタラを遡り，支流や氾濫原の湖沼に入り，湿地を歩いて猟場や漁場の位置をGPSで記録し，その成立条件となる植生や地形，季節的な水位変動などを聞き取りや観察で記録していった。この調査は，複数回にわたって行なったが，そのうち2018年3月の調査を紹介しよう。この調査では，インフォーマントとして80代男性2名，40代女性1名，シンディゴとよばれる村の土地管理係（50代男性），船の操縦士（30代男性）が同行し，船外機を付けた船でカラワラ村から上流へ約180km移動した。そこはかつて多くのウルワ系住民が暮らしていたが，スペイン語を母語とするメスティソ系の開拓民が進出し，ウルワ系がマイノリティになった村であった。アワルタラの河口から100kmより上流には，こうした開拓民の村が数多く形成されている。1989年発行の50,000分の1地形図をみると，スペイン語地名のほかに，「Kansas city」や「Haulover」などの英語地名もみられる（図17-4）。20世紀初めめからモスキート平野には米国から製材会社やプランテーション経営者が進出し，村人を賃金雇用した。流域の積み出し場には集落が形成され，華僑が商店を経営した。内戦後にサンディニスタが政権を握ると，米国企業は撤退し，人びとは現金収入の機会を失った。村人のなかには，米国企業の時代を懐かしく語る人も多い。英語地名は，西側サンディニスタと交戦した歴史をもつモスキート平野のインディヘナのアイデンティティに強く結びついているのである。私たちは，ウルワ語，ミスキート語，英語，スペイン語の地名を収集し，その地名の由来や土地をめぐる記憶を聞き取りながら調査を進めていった。

134

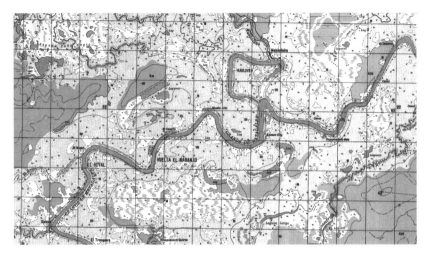

図 17-4　1989 年発行官製地図にみられる英語地名

　河口から 180km に位置するトゥマリン村周辺は，ウルワ系住民をはじめインディヘナの自治区に指定されていたが，ウルワ系住民の世帯はわずかであり，多くの世帯は下流へと移住していた。私たちが宿泊した家の親族が，土地をめぐる争いがもとで開拓者の襲撃を恐れて移住したとのことであった。私が一連の調査をはじめるにあたり当初レオンソさんがもっとも心配していたのは，河川上流の村での治安であった。流域では，西側からの開拓者の増加にともない，土地をめぐる対立が激化しており，私が到着する前年には発砲事件が起こっていた。治安が不安定なのは流域だけではない。河口には軍隊の検問所があり，沖合に出ようとする船を監視していた。というのも，西カリブ海はコカインの密輸ルートとなっており，その運び手として常に監視されているのが沿岸村落の人びとの小型船だったからである。しかし私は 2014 年に西カリブ海沿岸地域ではじめて調査をして以来，未だ窃盗や傷害事件に巻き込まれたことはない。どんなに海外調査に慣れていても油断は禁物であるが，身を守るうえで不可欠なことの一つは，多くの村人との関係構築である。レオンソさんは当初，私を教会での礼拝や村の行事，親族の集まりなどさまざまな機会に村人に紹介し，私も村人の家を訪ねたり畑で一緒に仕事をしたりして顔を覚えてもらった。村人は私の体力や関心を理解したうえで，事前に治安を確認し，安全が確保できるように準備してくれた。こうした関係構築のためにもっとも有効な

のは長期滞在であるが，卒業研究などで難しい場合には，すでに長期的な関係を構築した研究者とともに現地調査をする方法があるだろう。そしてもしも大学院に進学したら，ぜひ長期滞在調査を経験してもらいたいものである。

■こんな文献もあります

池口明子 2017. 先住民マッピング. 若林芳樹・今井　修・瀬戸寿一・西村雄一郎編『参加型GISの理論と応用』82-90. 古今書院.

若林芳樹・西村雄一郎 2010.「GISと社会」をめぐる諸問題——もう一つの地理情報科学としてのクリティカルGIS. 地理学評論 83(1)：60-79.

Offen, K. H. 2007. Creating Mosquitia: mapping Amerindian spatial practices in eastern Central America, 1629-1779. *Journal of Historical Geography* 33(2)：254-282.

第1部

第2部

第3部

18 グローバル化と食料の生産空間
インドネシアにおけるエビ養殖のネットワーク

【元になった論文】
Iga, M. 2014. Changing Agri-food Systems in the Global Economy. *Japanese Journal of Human Geography* 66(6)：64–76.

伊賀聖屋（名古屋大学）

1 はじめに

　私たちの普段の食生活は，海外の国や地域で生産されたさまざまな食品によって支えられている。スーパーマーケットの食品売り場に行くと，ほぼ間違いなく海外産の食材を目にすることができる。現代の食の領域では，地球規模でさまざまな場所の結びつきが強まる「グローバル化」が進展するようになっているといえる。このようなグローバルな動きは，現実の食の世界をどのように塗り替えていくのだろうか。

　食のグローバル化に関連した従来の地理学的研究の多くは，その推進役の一つであるアグリビジネスに焦点をあて，資本がいかに食の領域における世界的な支配力を強化してきたのかを明らかにしてきた（たとえば，Goodman et al.（1987））。それらの研究は，食のグローバル化の進展に関する重要な知見をもたらすものとして評価される一方で，その空間的な過程・帰結に対する説明が一面的であるとの指摘を受けてきた。つまり，グローバル化がもたらす画一的・標準的な食の地理を強調する一方で，食の安全の問題やグローバルなものに対するオルタナティヴ（たとえば，環境保全型農業，CSA（地域支援型農業），公正貿易など）の存在を過小評価している（Morgan et al. 2006）といった批判が寄せられてきた。

　このようななか，筆者はこれまで，グローバル経済下において多様化する食の地理に関心をもちながら研究を行なってきた。この研究は，グローバル化の進展が現実世界を構成する空間の多様性を高めるとの認識に立ち，そのように多様な食料の生産空間が生み出される仕組みを理解しようというものである。上の論文では，グローバル経済下における多様な生産空間の例として，インドネシア（図18-1）にお

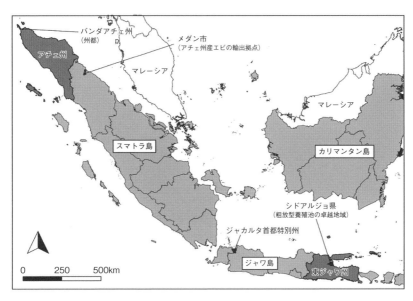

図 18-1　調査対象地域

けるいくつかの異なるエビ[1] の生産空間を紹介している[2]。本章では，そのような
多様な食料（エビ）生産空間を理解するうえで必要となる視点や具体的な情報収集
の仕方について紹介したい。

2　食料の生産空間を解釈するための視点

　地理学の主要概念の一つである空間のとらえ方にはさまざまなものがある。筆
者が専門とする食料の地理学 geography of food では，空間を「固定的で閉鎖的な
容器」としてではなく「生成の継続的状態にある流動的で開放的なもの」としてと
らえる視点がある（Murdoch 2006; Blumberg et al. 2020）。これは，事象の生起に
関わるさまざまな要素間の相互作用の所産として空間をとらえ返そうというもので
あり，関係的空間の視点とよばれうるものである。この視点に立つと，食料（エビ）
生産空間に対する分析の主な焦点は，生産に関わる多数の要素間の関係から構成さ

1）バナメイエビ（*Litopenaeus vannamei*）とウシエビ（*Penaeus monodon*）。
2）より具体的なエビの生産空間を紹介したものとして伊賀・ヌグロホ（2019）がある。

れる「ネットワーク」へと向けられることになる。ここで注意したいのは，このような関係的な視点においては，人間 human のみならず自然物，技術，知識，機械などの非人間 non-human もネットワークの重要な要素として含まれるという点である。

　食料の生産は，取り巻く自然環境や動植物の有機的要素（バイオリズムや季節性など）と相互に関わりあいながら行われている。たとえばエビ養殖の場合，養殖池が屋外に位置[3]していることもあり，大雨が降ると急激に池の水温や塩分が下がりエビの生存率が大幅に低下する。また，水草の繁茂やプランクトンの発生の状態によって，エビの成長率が大きく左右されることもある。このような状況において，食料生産の場では，生産過程における不確実性を低減させることを目的としてさまざまな性格の知識や技術，機械などが取り込まれている。そのため，関係的視点に依拠した研究では「人間がいかにそれらの非人間をネットワークへと取り込み，それらとどのような関係を結んでいるのか」を考慮することが重視されることになる。

　ここまでの説明をふまえると，食料（エビ）の生産空間を理解するためには，生産をめぐって構築される「人間と非人間のネットワーク」へと焦点をあてることが重要ということがわかる。そして，以下のようないくつかの具体的な研究課題に関する情報を，フィールドワークを通じて収集していくことが必要となる。①いかなる要素が食料の生産に関わるネットワークへと取り込まれているのか，②ネットワークを構成する諸要素が互いにどのようなつながりを構築しているのか，③ネットワークにおける要素間のつながりが人間の具体的な生産実践といかに関わっているのか。これらの課題に対して実証的に答えを導き出していくことで，グローバル経済下において多様化する食の地理の一端を明らかにできるようになると考えられる。

3　エビ養殖池におけるフィールドワーク

　では，事例としてのエビの生産空間をめぐって，実際にどのような調査を行えばよいだろうか[4]。ここでは前節で紹介した研究課題のうち①に関する情報の収集方

3）日本には屋内型のエビ養殖池（Indoor Shrimp Production System）も存在しているが，世界的にみるとエビ養殖は屋外で行われるのが一般的といえる。

法を紹介したい[5]。

　「どのような要素がネットワークへ取り込まれているのか」。この課題に取り組むうえでは，エビ養殖に関わる要素を可能な限り把握し，追跡していく必要がある。そのためにはまず，養殖池において目に見えるものを洗い出すことが重要となる。実際にインドネシアのエビ養殖池を観察してみると，そこには主役ともいえるエビ，水，労働者のほかに，さまざまな要素が取り込まれていることがわかる。また，養殖池の種類によって関わってくる要素が大きく異なるという点にも気づくはずである。たとえば，インドネシア東ジャワ州の粗放型養殖池では伝統的なエビの養殖方法が卓越していることもあり（図18-1），ガンガン（水草の一種），アピアピ（マングローブの一種），ムジャイル（ティラピア），イプアン（種苗池），プラヤン（漁具）といった地域固有の自然物や知識・技術がネットワークへと動員されている（図18-2）。一方，近代的な生産方法を特徴とする東ジャワ州やアチェ州の集約型養殖池では，粗放型養殖池に特徴的な諸要素に代わり，曝気装置（エアレーター），遮水シート，給水ポンプ，自動給餌機，人工飼料，殺魚剤といった工業的な要素が取り込まれている（図18-3）。

　このようにエビの養殖池を観察するだけでも，ネットワークの構成要素をある程度把握することができる。しかし一方で，ネットワークの要素が池で直接的に視認できるものばかりではないということにも注意する必要がある。たとえば，粗放型養殖池の場合，マングローブの植林活動を行うNGOや伝統的生産技術の普及を図る生産者組合（kelompok tani tambak）が重要な役割を果たしていることがある。また，集約型養殖池の場合，生産資材を供給するアグリビジネスや高度な生産技術を移転する訓練機関，エビを加工・輸出する食品企業などがネットワークをコントロールしていることがしばしばである。したがって，ネットワークの構成をより正

4) フィールドワークを行う前に必要な作業として，エビ養殖池の位置の同定が挙げられる。インドネシアのエビ養殖池は一般的に沿岸地域に位置している。しかし，その位置情報を記録した住所録のようなものが存在しているわけではない。フィールドワークを行おうとする者がエビ養殖池の具体的な位置を自ら把握する必要がある。その際に有効な手法として，衛星画像等を用いた土地利用の確認が挙げられる。
5) 研究課題②に関しては，たとえば養殖池の水質管理の場面において，諸要素がどのように相互に作用しているのかを生理学的にとらえることが重要となる。研究課題③については，病気（とくにウイルス）の発生時にネットワークにおける要素間の安定したつながり（秩序）がいかに崩れ，そのような状況のなかで労働者ら人間のどのような行為が導き出されるのかといったことを知ることが重要となる。

図18-2　東ジャワ州における粗放型養殖池（筆者撮影）

図18-3　東ジャワ州・アチェ州における集約型養殖池（筆者撮影）

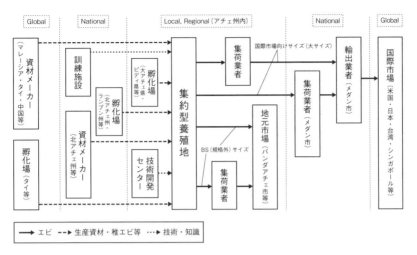

図 18-4　エビ供給体系の概略図（アチェ州の集約型養殖池の場合）

確に把握するうえでは，養殖池から「距離を隔てた場所に位置する要素」を考慮する必要も出てくる。

　では，そのような要素を把握するためにはどのようにしたらよいだろうか。もっとも手っ取り早い方法は，養殖池に常駐する関係者にインタビューを実施しながら情報を収集していくことである。養殖池のオーナーや管理人に，エビ養殖に関わる人・組織に関する質問を投げかけてみるとよいだろう。その際，とくにエビの供給体系（図 18-4）を意識しながら，質問項目を事前に整理しておくことをお勧めしたい。つまり，「養殖エビの供給に関わる生産・加工・流通・消費の諸部門において，それぞれどのような人・組織が介在しているのか」，「生産に必要とされる資材（人工飼料，稚エビ，薬剤など）をどこから調達し，どのような組織の下にエビを生産し，それをどこの業者へと売り渡しているのか」といった点に関する質問を用意しておくことが重要となる。このような調査を行うことで，エビ養殖をめぐるネットワークにどのような要素がいかなる空間的次元で関わっているのかを把握することができるようになる。ここまでくれば，ネットワークを構成する人的要素に対して，数珠つなぎ的にインタビュー調査を展開することが可能となる。

4 おわりに

ネットワークを構成する諸要素を洗い出すことによって，グローバル経済下における食の世界がいかに多様な食料の生産空間から構成されているかを知ることができる。今回は説明を省いたが，関係的空間の視点に立つことで，より一歩踏み込んで多様な生産空間が生み出される過程やそれと連動した食の地理の多様化についても理解を深めることができる。このことは翻って，「世界における資源・人間活動の偏在」という極めて地理的な問題を考えるきっかけにもつながるであろう。

今回紹介した研究の場合，エビの生産空間はあくまで事例であり，それを通じて「多様化する食の地理」を論じることが中心的な課題となる。そうはいっても，実際のエビ養殖についてかなりの知識をもちあわせていないと，フィールドワークや論文執筆を行うことは容易ではない。とくにインドネシアのエビ養殖の場合，ローカルな生産の現場が実は極めてグローバルな権力関係に埋め込まれていることが多く，先述の通り，生産の現場だけではとらえきれないような要素をも考慮する必要がある。その点においても，空間の流動性や開放性を強調する関係的空間の視点は重要な示唆を与えてくれるのではないか。

■こんな文献もあります

伊賀聖屋・ヌグロホ, A. 2019. 災害復興後のアチェ州におけるエビの生産空間——エビ養殖をめぐるネットワークに着目して. International comparative study on mega-earthquake disasters: collection of papers 3：110–130.

Blumberg, R., Leitner, H. and Valentine, K. 2020. For food space: theorizing alternative food networks beyond alterity. *Journal of Political Ecology* 27: 1–22.

Goodman, D., Sorj, B. and Wilkinson, J. 1987. *From farming to biotechnology: a theory of agro-industrial development*. Oxford: Basil Blackwell.

Morgan, K., Marsden, T., and Murdoch, J. 2006. *Worlds of food: place, power, and provenance in the food chain*. Oxford: Oxford University Press.

Murdoch, J. 2006. *Post-structuralist Geography: A Guide to Relational Space*. London: Sage.

第3部

【応用的調査・社会実践】

19　自然災害に関連する石碑と防災教育

【元になった論文】
大平明夫 2019. 宮崎県における自然災害に関連する石碑の特徴と防災上の意義——GIS を利用した防災教材の一例：自然災害石碑マップ. 宮崎大学教育学部紀要 92：58-78.

大平明夫（宮崎大学）

1　研究の背景

　近年，自然災害が激甚化している。温暖化によって極端な気象現象の強度が高まり，大規模な水害が増加傾向にある。令和元年東日本台風（2019 年 10 月）にともなう豪雨は，広域的かつ大規模な河川氾濫を引き起こした。また，熊本地震（2016 年 4 月）や東日本大震災（2011 年 3 月）のような大規模な地震・津波災害も発生している。こうした災害の教訓を後世に伝え，防災・減災に活かすことが重要である。その手段の一つとして，自然災害に関連する石碑（災害記念碑，犠牲者供養碑等）が古くから各地に建立されてきた。岩手県沿岸には，三陸津波に関連した石碑（津波碑）が多数存在している。昭和三陸津波（1933 年 3 月）の後に宮古市重茂姉吉地区に建立された大津浪記念碑には，津波被害の教訓として，「此処より下に家を建てるな」という文字が刻まれている。東日本大震災の際，この大津浪記念碑より海抜が高い場所の集落は津波被害を受けなかったことから，津波碑のもつ災害教訓の伝承の役割が高く評価されている。

2　自然災害伝承碑の現況調査

　自然災害に関連する石碑は，地理院地図において，自然災害伝承碑という名称で，情報の登録・公開が進行中である。しかし，自然災害伝承碑の地理院地図への登録は，市区町村からの申請に基づくため，登録数に地域差がみられる。また，市区町村の範囲に存在する自然災害伝承碑を，担当者が十分把握していない場合もあると考えられる。自然災害伝承碑は，防災・減災教育の地域的・歴史的教材として

貴重であり，地域調査や防災学習での利用が考えられる。今後の自然災害伝承碑への登録・公開，防災・減災教育での利用を促進するためには，各地の自然災害伝承碑の現況調査が必要である。ここでは，宮崎県を対象とした，自然災害に関連する石碑等を調査した事例（大平 2019）について紹介する。

3　調査方法

　自然災害に関連する石碑の情報は文献調査で収集した。文献調査の対象は，学術論文・紀要類，自治体史（県市町村史），郷土史，防災・土木・文化財関連の報告書，新聞記事，石碑に関する Web サイト等である。

　現地調査では，石碑の維持・管理の状況，説明板等の設置状況を確認し，写真撮影を行なった。さらに，碑文（石碑の前面・背面・側面・台座に刻まれた文字）を可能な限り記録した。古い石碑に刻まれた文字は，摩耗のため，文字の判読が困難な場合が多かった。外所地震供養碑については，安井・田辺（1961）を参考にした。この調査では，石碑以外のモニュメント（石像，木像，構造物，土砂災害にともなう岩石等）も対象とした。なお，自然災害伝承碑の調査方法は，国土地理院（2021）が参考となる。

4　宮崎県における自然災害伝承碑

　宮崎県で発生してきた多種類の自然災害を反映し，津波・火山噴火・水害・土砂災害に関連する石碑等が存在する（図 19-1, 表 19-1）。宮崎県沿岸は，日向灘地震・南海トラフ地震の津波が何度も襲来してきた地域である。しかし，地震・津波碑としては寛文日向灘地震の供養碑が 8 基ある一方で，南海トラフ地震に関連する石碑は少ない。また，三陸地方沿岸部にあるような津波到達地点を示す標石はみられない。碑文の内容は，自然災害の記録，犠牲者の供養・慰霊，将来の安全・無災祈願，復興事業の功労者の顕彰，桜島噴火被災者の移住の記録に関するものが多く，具体的な災害の教訓（災害の備え，災害時の行動等）に関するものはみられない。近年に建立された石碑の碑文は，難解な漢文ではなく現代文で刻まれており，災害の歴史をわかりやすく後世に伝えることが考慮されている。また，石碑の説明板を設置している場所もある。

第1部

第2部

第3部

146

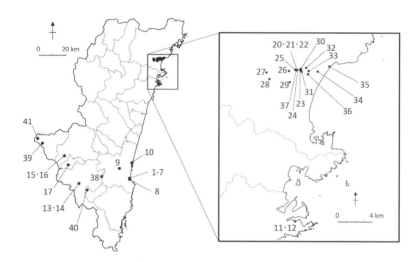

図 19-1　宮崎県における自然災害に関連する主な石碑等の分布

番号は表19-1に対応。番号18, 19は省略。　1-7：外所地震供養碑　8：杉田新左衛門顕彰碑　9：古城の外所地震供養碑　10：白兎の彫刻（一葉稲荷神社）　11・12：細島道路元標　13・14：しまうつりの碑　15・16：移住紀念碑・桜島噴火移住80周年記念碑　17：新燃岳大噴火乃碑（狭野神社）　20・21・22：畳堤記念碑（畳堤の由来）・畳堤土木学会選奨土木遺産記念碑・畳堤石像　23-35：水神様　36：萬霊供養塔（永源寺）　37：ぬれ仏（三福寺）　38：境川鉄砲水慰霊碑　39：えびの地震記念碑　40：土砂災害慰霊碑　41：山津波記念石（JR真幸駅）

図 19-2　外所地震供養碑とその説明板（宮崎市）

（左）1662年寛文日向灘（外所）地震の後，ほぼ50年ごとに供養碑が建立されてきた。2007年の7基目の供養碑の除幕式には地元の自主防災組織の住民や児童が参加し供養祭が行われた。（右）石碑を管理する西教寺が説明板を設置している。

図 19-3　杉田新左衛門顕彰碑とその碑文（宮崎市）

（左）復興に尽力した杉田新左衛門の顕彰碑　（右）碑文には，1662 年寛文日向灘（外所）地震の地盤沈下と津波で水没した
土地が，飫肥藩による享保・文政年間の干拓事業（正蓮寺内堤・外堤）で農地に復興したことが記されている。

図 19-4　しまうつりの碑（都城市）・新燃岳大噴火乃碑（高原町）

（左）1779 年桜島安永噴火の被災住民は，桜島から現在の都城市山田町に集団移住した。石川理紀之助（左の胸像）の提案で
石碑が建立された。（右）2011 年霧島新燃岳噴火の被災の記憶を伝承するため，狭野神社の境内に石碑が建立された。

図 19-5　畳堤記念碑と畳堤石像（延岡市）

（左）畳堤は長良川・揖保川・五ヶ瀬川にのみ現存する構造物で，五ヶ瀬川の畳堤は日本最古のものであることから，2015 年
9 月に土木学会選奨土木遺産に認定された。（右）畳堤に畳を差し込む人の様子を表現した石像。

第1部

第2部

第3部

5 防災教育での活用に向けて

　自然災害伝承碑の教育・地域防災活動での利用状況，石碑の維持・管理の課題を明らかにすることも必要である。そのために，所有者・管理者，地域住民，学校関係者に聞き取り調査を行うことも考えられる。広島県内の水害碑では，地域住民が慰霊祭・法要・教育活動を行なっている事例がある（小山ほか 2017）。自然災害伝承碑は，災害履歴情報（国土地理院 2021）の一つであり，今後も同様の災害リスクに備える必要がある。同時に，石碑が建立される契機となった災害が，どのような地形の場所に広がったのかを理解することも重要である。自然災害伝承碑からは，そのような地形特性情報（国土地理院 2021）を直接得ることはできない。地形特性情報は，ハザードマップ，治水地形分類図，明治時代の地形図等の判読から得ることができる。防災教育では，歴史的教材である石碑・絵図・古地図等の災害伝承（高橋 2014）と地理的教材である各種の地図を効果的に活用することで，地形・土地の成り立ち・災害履歴への関心を高め，防災意識・地理認識の向上につなげることが重要である。

■引用文献

国土地理院 2021．自然災害伝承碑に係る調査業務実施の手引き．https://www.gsi.go.jp/common/000235746.pdf（最終閲覧日：2021 年 12 月 12 日）

小山耕平・熊原康博・藤本理志 2017．広島県内の洪水・土砂災害に関する石碑の特徴と防災上の意義．地理科学 72：1–18．

高橋和雄 2014．『災害伝承──命を守る地域の智恵』古今書院．

安井　豊・田辺　剛 1961．日向灘の外所地震津波調査について．験震時報 26：33–38．

■こんな文献もあります

岩松　暉・橋村健一 2014．『桜島大噴火記念碑──先人が伝えたかったこと』徳田屋書店．

鈴木比奈子 2021．過去の自然災害記録に見る災害アーカイブの展望──三陸沿岸の津波災害に関する事例を中心に．地学雑誌 130：177–196．

第1部
第2部
第3部

表 19-1　宮崎県における自然災害に関連する主な石碑等の一覧

番号	名称	分類	所在地	緯度	経度	標高 m	建立年	災害種	該当する自然災害／備考
1	外所地震三百五十回忌供養碑	石碑	宮崎市熊野鳥山	31.82548	131.44263	3.4	2007（平成19）	津波	1662年寛文日向灘地震（外所地震）
2	外所地震三百年忌供養碑	石碑	宮崎市熊野鳥山	31.82548	131.44263	3.4	1957（昭和32）	津波	〃
3	外所地震供養碑	石碑	宮崎市熊野鳥山	31.82548	131.44263	3.4	1925（大正14）	津波	〃
4	外所地震供養碑	石碑	宮崎市熊野鳥山	31.82548	131.44263	3.4		津波	〃
5	外所地震供養碑	石碑	宮崎市熊野鳥山	31.82548	131.44263	3.4	1810（文化7）	津波	〃
6	外所地震供養碑	石碑	宮崎市熊野鳥山	31.82548	131.44263	3.4	*1	津波	*1 辛巳から1761（宝暦11）年と推定
7	外所地震供養碑	石碑	宮崎市熊野鳥山	31.82548	131.44263	3.4		津波	〃
8	杉田新左衛門顕彰碑	石碑	宮崎市熊野	31.81813	131.44330	3.3	1990（平成2）	津波	〃
9	外所の外所地震供養碑	石碑	宮崎市古城	31.88727	131.36457	32.7	1664（寛文4）	津波	〃
10	白狐の彫刻（一葉稲荷神社）	木像	宮崎市新別府	31.92319	131.46013	3.6		津波	〃
11	細島道路元標（大）	石碑	日向市細島	32.42638	131.66458	3.2	1906（明治39）	津波	1854年安政南海地震
12	細島道路元標（小）	石碑	日向市細島	32.42638	131.66458	3.2		津波	
13	しまうつりの碑（主碑）	石碑	都城市山田町谷頭	31.79111	131.05252	163.6	1902（明治35）	火山噴火	1779年桜島安永噴火
14	しまうつりの碑（副碑）	石碑	都城市山田町谷頭	31.79111	131.05252	163.6	1952（昭和27）	火山噴火	
15	移住記念碑	石碑	小林市大王	31.96600	130.94066	322.0	1923（大正12）	火山噴火	1914年桜島大正噴火
16	桜島噴火移住80周年記念碑	石碑	小林市大王	31.96600	130.94066	322.0	1994（平成6）	火山噴火	
17	新燃岳大噴火乃碑（狭野神社）	石碑	高原町蒲牟田	31.90827	130.97223	261.0	2016（平成28）	火山噴火	2011年霧島新燃岳噴火
18	畳堤コンクリート製の枠（五ヶ瀬右岸）	構造物	延岡市北町・船倉町	—	—	—	*2	水害	*2 昭和初期
19	畳堤コンクリート製の枠（五ヶ瀬左岸）	構造物	延岡市祇園町・紺屋町	—	—	—	*2	水害	
20	畳堤記念碑（畳堤の由来）	石碑	延岡市北町	32.58319	131.66678	6.0	2001（平成13）	水害	
21	畳堤土木学会選奨土木遺産記念碑	石像	延岡市北町	32.58319	131.66678	6.0	2015（平成27）	水害	2015年9月土木遺産認定
22	畳堤石像	石像	延岡市北町	32.58316	131.66679	6.0	2016（平成28）	水害	
23	水神様	石塔	延岡市船倉町	32.58290	131.67058	5.8		水害	
24	水神様	石塔	延岡市北町	32.58317	131.66697	6.0		水害	
25	水神様	石塔	延岡市東本小路	32.58333	131.66434	8.5		水害	
26	水神様	石塔	延岡市本小路	32.58200	131.65651	9.1		水害	

表19-1 宮崎県における自然災害に関連する主な石碑等の一覧（続き）

番号	名称	分類	所在地	緯度	経度	標高 m	建立年	災害種	該当する自然災害／備考
27	水神様	石塔	延岡市天下町	32.58048	131.62816	11.0	2013（平成25）	水害	2009-2012年の道路改良工事にともない移設
28	水神様	石塔	延岡市天下町	32.57371	131.63192	12.5	1790（寛政2）	水害	
29	水神様	石塔	延岡市古城町	32.57058	131.65750	9.6	1839（天保10）	水害	
30	水神様	石塔	延岡市粕屋町	32.58404	131.67189	5.1	1938（昭和13）	水害	
31	水神様	石塔	延岡市須崎町	32.58141	131.67240	6.7	1934（昭和9）	水害	
32	水神様	石塔	延岡市昭和町	32.58535	131.67800	6.5	1924（大正13）	水害	
33	水神様	石塔	延岡市浜砂町	32.58209	131.68129	7.2	*3	水害	*3 1881（明治14）年 1897（明治30）年
34	水神様	石塔	延岡市長浜砂町	32.58158	131.69270	6.1		水害	
35	水神様	石塔	延岡市方財町	32.58677	131.70721	5.9		水害	
36	萬霊供養塔（永源寺）	石塔	延岡市浜砂町	32.57880	131.68043	4.5	1861（文久元）	水害	1858（安政5）年水害
37	ぬれ仏（三福寺）	石仏	延岡市北町	32.58272	131.66569	5.8		水害	
38	境川鉄砲水慰霊碑	石仏	都城市山之口町山之口	31.83595	131.22959	225.4		土砂災害	1966年8月14日豪雨の鉄砲水
39	えびの地震記念碑	石碑	えびの市向江	32.04557	130.76742	220.8		土砂災害	1968年2月21日えびの地震
40	土砂災害慰霊碑	石仏	三股町勝岡	31.74928	131.11795	174.4		土砂災害	1969年6月30日豪雨のシラス土層崩壊
41	山津波記念石（JR真幸駅）	自然石	えびの市内竪	32.07492	130.72963	386.4		土砂災害	1972年7月6日豪雨の地すべり性崩壊

20　海水浴客の津波避難行動

【元になった論文】
森田匡俊・小池則満・小林哲郎・山本義幸・中村栄治・正木和明 2014. GPSを用いた海水浴場避難訓練時の行動分析——愛知県南知多町を事例として. 地域安全学会論文集 23：45-54.

森田匡俊 (岐阜聖徳学園大学)

1　海水浴客はどこへ逃げるのか？

　東日本大震災では津波によって多くの方が犠牲になった。将来発生することが確実な南海トラフ巨大地震によっても，津波による甚大な被害が懸念されており，海沿いに住む人たちは，避難する場所を話しあったり，避難訓練を実施したりして，津波から命を守るための活動に積極的に取り組んでいる。ところで，津波が発生したとき，海沿いにいるのは住民だけとは限らない。たとえば，夏の海水浴場には他の地域から来た海水浴客がたくさんいる。もし海水浴中に津波が発生したら，海水浴客はどこへ逃げるのだろうか？　他の地域から来ているため，土地勘がなく避難場所もすぐにはわからないかもしれない。また，避難場所がわかったとしても，たくさんの海水浴客が一斉に避難を開始したら，たどり着くまでに大混雑が発生するかもしれない。結果，多くの海水浴客が逃げ遅れてしまう，そんな最悪の事態の発生も危惧される。

　ここでは，津波避難訓練を利用して，海水浴客の避難行動の調査分析を行なった論文を取り上げ，電子機材を活用した現地調査の実際や取得データの可視化に際しての工夫などを紹介する。

　対象地域は，愛知県知多郡南知多町の千鳥ヶ浜（内海海水浴場）である（図20-1）。伊勢湾に面した内海海水浴場は，南海トラフの巨大地震が発生した際，津波による最大5m以上の浸水が想定されている。海水浴場近くの公民館は標高10m以上に位置し，この地域の津波避難場所になっている。訓練は2013年7月15日の海の日に実施され，この日，海水浴場にはシーズンピーク時とほぼ同数の約1万人の海水浴客がいた。訓練に参加した海水浴客は約310名であった。

図 20-1　対象地域における想定津波浸水深と避難場所
（国土地理院による電子国土基本図（地図情報），および内閣府の南海トラフの
巨大地震モデル検討会が平成 24 年に発表した津波浸水域データより作成）

2 電子機材を活用した調査

　内海海水浴場での現地調査では，海水浴客の避難行動を把握するため，GPS ロガー 18 台，ビデオカメラ 5 台，タブレット 11 台を利用した。異なる電子機材を利用したのは，個々の機材のみの調査では見落としてしまう内容を相互に補完することで，避難行動を多角的にとらえるためである。それぞれの機材による調査内容は以下の通りである。

2-1　GPS ロガーによる海水浴客の追跡

　海水浴客の避難行動を把握するために GPS ロガーを利用した。海水浴客全員の避難行動を把握したいが，全員分の GPS ロガーを用意するのは不可能であるし，そもそも何人の海水浴客が訓練に参加してくれるのかも当日までわからなかった。そこでこの調査では，GPS ロガーを持った調査員を海水浴場になるべく均等に配置し，避難行動を開始した海水浴客を追跡するという方法を採用した。図 20-2 が調査員の配置計画（1 〜 18）である。訓練対象の浜辺（海水浴場の約 3 分の 1 の範囲）を 18 のエリアに分割し，各エリアに調査員を 1 名ずつ配置した。調査員には，担当エリア内で訓練に参加した海水浴客が，担当エリアから避難場所（公民館）に到着

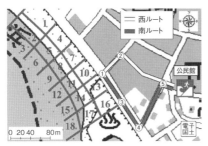

図 20-2 GPS 調査員（1 ～ 18）の配置およびビデオカメラ（①～⑤）の設置計画と避難誘導ルート

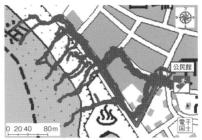

図 20-3 海水浴客の避難行動データ

するまでを追跡してもらった。このようにして取得した GPS の全軌跡，すなわち海水浴客の避難行動データが，図 20-3 である。

GPS ロガーにより取得したデータから，海水浴客が砂浜からまずは砂浜に沿った道路へ最短距離で向かうといった避難行動パターンを把握することができた。砂浜を歩くことによる歩行速度の低下や，体力低下を防ぐための行動であると考えられる。

*時刻はスマホのモノ（時分秒）を記載してください	調査員氏名		
	ロガーID		
	担当エリア		

時刻記入シート			
	出来事		備考
避難行動開始時刻	11 時 分 秒		
出来事1発生時刻	11 時 分 秒		（道を間違えたや混雑により進めなくなったなど，追跡中の出来事を記載してください）
出来事2発生時刻	11 時 分 秒		（道を間違えたや混雑により進めなくなったなど，追跡中の出来事を記載してください）
避難場所到着時刻	11 時 分 秒		

図 20-4 調査員に配布するメモ用紙例

GPS ロガーによる避難行動の調査は，避難時間の計測やアンケート調査だけでは見落としてしまう可能性のあった，海水浴客の避難行動を詳細に把握することができる。とはいえ GPS ロガーのデータだけでは，エラーデータなのか，それとも避難行動に何か異変が起こったのかを判別ができない場合も多々ある。たとえば，避難誘導ルートから離れた位置のデータがあっても，電波の受信状況が悪く位置精度が乱れたのか，それとも追跡した海水浴客が道を間違えたのかを判別できない。GPS ロガーを用いて調査を実施する場合であっても，たとえば図 20-4 のような，調査員に記入してもらうメモ用紙を準備しておくことを推奨する。図 20-4 のようなメモ用紙を用意することで，調査員には電源を入れた GPS ロガーを配布し，一切の操作を不要とすることも可能になり，操作ミスによるデータ未取得や不具合といった問題を回避することもできる。また調査後，調査員に追跡時の状況を確認することも

容易になる。

2-2　ビデオカメラ設置による避難行動の定点撮影

　GPS ロガーによる調査は，避難行動を詳細に把握できる反面，訓練に参加した海水浴客の一部の避難行動しかデータとして取得できないため，避難行動の全体像を把握することはできない。また GPS ロガーは，購入あるいはレンタルするにせよ高額の費用がかかるし，調査員のアルバイト代も必要になる。GPS ロガーを増やして全体像を把握しようとするのは現実的ではない。そこで，より簡便な方法として効果的なのが，ビデオカメラ設置による定点撮影である。内海海水浴場での現地調査では，避難誘導ルート上 5 地点にビデオカメラを設置し（図 20-2），避難行動の全体像の把握を試みた。

　定点撮影した映像から，避難誘導ルート上 5 地点における単位時間当たりの通過人数の推移を把握した。具体的な手順を，図 20-2 の地点②の映像の一部（図 20-5）を例に説明する。まず，訓練開始時刻から 10 秒おきに映像を止め，右端（海岸方向）から矢印の方向に向かって現れる人を 10 秒間カウントする。次に，映像を進めて，先ほどカウントした人が左端（避難場所方向）の矢印の方向へ移動したのを確認する。もし，この際に右端に引き返した場合はカウントしない。また左端から右端に移動した人もカウントしない。この作業を訓練開始から訓練終了まで繰り返し行い，避難誘導ルート上 5 地点における海水浴客の混雑度合いを把握した。図 20-6 は，横軸に時刻，縦軸に地点②における通過人数を示したものである。各地点における通過人数の推移をみることによって，どの地点でどの時間帯に混雑が発生

図 20-5　通過人数のカウント方法

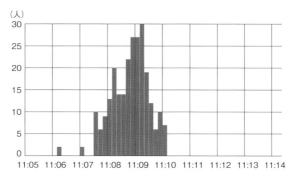

図 20-6　地点②における通過人数の推移

図 20-7　ルート合流地点⑤における滞留の様子

したのか，さらには混雑によって前に進めなくなる「避難行動の滞留」が発生した
のかを把握することができた。図 20-7 は，西ルートと南ルートが合流する地点⑤
のビデオカメラがとらえていた「避難行動の滞留」の発生の様子である。GPS ロガ
ーのデータからも滞留が発生したことは把握できるが，ビデオカメラの映像によっ
て，どこで発生し，どこまで続いていたのかといったことも把握することができた。

2-3　タブレット端末を用いたアンケート調査による海水浴客の意識調査

　内海海水浴場での現地調査では，GPS ロガーやビデオカメラに加えて，アンケー
ト調査によって海水浴客の津波避難行動についての意識調査も実施した。アンケー
ト調査は，用紙にボールペンなどで記入してもらう方法が一般的である。しかし，
海水浴シーズンである真夏の炎天下に屋外で実施すること，かつ，一部とはいえ

100 人単位の海水浴客を対象とすることなどから，極めて迅速にアンケートに回答してもらう必要があった。そこで利用したのがタブレット端末である。ほとんどの質問を，下記のように 2 択のシンプルなものとし，海水浴客は画面をタッチすればすぐに回答できるようにするなどして 1 人 1 人の回答時間を短縮するための工夫を行なった。

避難を開始されるとき，どこに向かって移動すればいいかすぐにわかりましたか？
1. すぐに分かった　　　2. すぐには分からなかった

　避難行動を完了した海水浴客にタブレット端末を持った調査員 11 名が次々と声をかけて実施した結果，訓練に参加した海水浴客の半数以上である 188 名から回答を得ることができた。

3　調査結果を可視化する

　ここでは，GPS ロガーにより取得したデータの可視化の工夫を紹介する。GPSロガーにより取得したデータは，時間ごとの位置情報，すなわち時空間データである。時空間データである海水浴客の避難行動をもっとも効果的に可視化するには，地図上にアニメーションとして再現する方法が考えられる。しかし残念ながら，紙媒体で発表される投稿論文では，アニメーションを利用することができない。図20-3 は避難行動を可視化したものであるが，そこから読み取れる情報はアニメーションに比べて極めて少ないものになる。たとえば，アニメーションからは，エリアごとに避難行動の開始に大きな時間差があったことや，ルート上における滞留発生をはっきりと把握することができるが，図 20-3 からはそのような情報を読み取ることができない。
　投稿論文としてまとめる際には，地図に加えて図 20-8 のようなグラフによって時空間データである避難行動を可視化した。図 20-8 は横軸に時刻，縦軸に累積移動距離を示している。図中の数字は，図 20-2 に示した調査員の担当エリアである。図 20-8 からは，担当エリアによって避難行動の開始時刻が異なること，エリア1，3，8 は 11 時 13 分ごろから累積移動距離の伸びが鈍化する，すなわち避難行動の滞留が発生していたことを読み取ることができる。その他，位置情報を用いて時間ごとの標高値を付加すれば，縦軸を標高値としたグラフを作成することも可能と

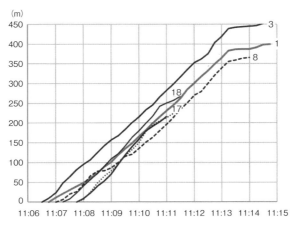

図 20-8   時刻と累積移動距離

なり，標高が極めて重要な指標となる津波からの避難行動を検討するために有益な情報を得ることができる。

4 調査結果による地域貢献

　近年，学問を通じた社会への貢献がますます重要視されるようになっている。地理学においては，対象地域に調査結果を還元することが貢献の一手段となる。内海海水浴場での現地調査結果は，避難訓練を計画した自治体や自主防災組織，住民を対象とした報告会を開催することで，地域への還元を図った。具体的には，避難行動の滞留の発生を回避するために避難場所を追加する（図 20-1 の町民グラウンド），といった避難計画の変更を提案した。そして，次年度以降も継続して調査を実施することで変更案の効果を検証した（小池ほか 2017）。誰かの，何かの役に立つと思えば，単調で辛いデータ集計などの作業にも俄然やる気が出てくる。地域への貢献という視点から研究テーマを考えてみるのもよいであろう。

■引用文献
小池則満・中村栄治・服部亜由未・森田匡俊・正木和明 2017．海水浴場における避難訓練を対象とした継続的実践研究．土木学会論文集F6（安全問題）73(2)：I_83–I_90.

■こんな文献もあります

奥野祐介・橋本雄一 2015. 積雪寒冷地における疑似的津波避難に関する移動軌跡データ分析. GIS-理論と応用 23：11–20.

小池則満・森田匡俊・橋本　操 2020. 大型商業施設への避難を組み込んだ洪水タイムライン策定に関する実践研究――豊田市立元城小学校を事例として. 土木学会論文集D3（土木計画学）75(6)：I_101-I_108.

小池則満・森田匡俊・服部亜由未・岩見麻子・倉橋　奨 2017. 海上津波避難マップ作成を通じた漁船の避難方法に関する実践研究――三重県南伊勢町を事例として. 土木学会論文集D3（土木計画学）73(5)：I_45-I_55.

21 外国人がとらえた日本の都市空間
空間認知の地理学

【元になった論文】
髙井寿文 2000. 社会・文化的状況を考慮した外国人向け「まち案内」の提案——日系ブラジル人による手描き地図の分析から. 地理情報システム学会講演論文集 9：367-370.
髙井寿文・奥貫圭一・岡本耕平 2003. 手描き地図を用いた空間認知研究へのGISの適用. 地図 41（4）：27-36.
髙井寿文 2004. 日本の都市空間における日系ブラジル人の空間認知. 地理学評論 77（8）：523-543.

髙井寿文（早稲田大学本庄高等学院）

1 研究のきっかけ

　皆さんのなかには，毎日通学・通勤したり，日常的に買い物したりする時に，自宅から学校・職場やお店まで地図を見ながら歩く人はいるだろうか。何度も通ったことのある，ふだん慣れ親しんだ道のりでは，いちいち地図を見なくても目的地までたどり着けるはずである。「この自動販売機の交差点を左に曲がる」というように，皆さんの頭のなかには目的地までの経路上のさまざまな目印が記憶されているので，地図を見なくても迷わずに目的地までたどり着けるのである。逆に，生まれてはじめて訪れた場所では，大人であっても，地図を見ながら目的地まで歩くことがあるだろう。

　人がどのように空間をとらえているのか，目的地まで移動（ナヴィゲーション）する際にどのような目印を用いているのかという問いは，「空間認知」とよばれる研究の領域に属する。こうした研究は，地理学をはじめとして，心理学，認知科学，脳科学，建築学，都市計画など多岐にわたり，さまざまな領域で扱われる学際的なテーマといえる。本章で取り上げる論文（髙井 2004）は，日本の都市空間に暮らす外国人居住者のなかでも日系ブラジル人を対象とした。日本語の読みにハンディキャップをもっている彼らの頭のなかの地図の特徴を，同じ都市に暮らす日本人の頭のなかの地図と比較することによって明らかにした。ここでは手描き地図と方向感覚質問紙を用いた二つの調査と，その分析結果を中心に紹介する。こうした知見が，外国人向けの地図作成の場面に役立てられ，空間認知の研究が社会に応用でき

第1部

第2部

第3部

る側面をもちうることも述べてみたい。

2 調査のしかた

2-1 調査対象者

外国人居住者の手描き地図を分析するといっても，まずは地図を描いてくれる外国人居住者を決めなくてはならない。入管法（出入国管理及び難民認定法）の改定によって，南米からの出稼ぎ労働者が日本の社会に急増した。日本語の判読に不自由な（非漢字圏から来た）彼らの多くが自動車関連の工場労働者で，日常生活において日本人と同様に都市空間を移動する場面が多くあることから，日系ブラジル人を調査対象者に選んだ。愛知県名古屋市・豊田市・豊橋市，静岡県浜松市には多くの日系ブラジル人が暮らしており，私が所属していた名古屋大学大学院からも比較的近く，頻繁に調査に行きやすいということも，彼らを対象とする決め手となった。

日系ブラジル人の知り合いが1人もいない私にとって，地図を描いてもらう日系ブラジル人をどのように探せばよいのだろうか。これが最大の問題であった。豊田市の保見団地には多くの日系ブラジル人が居住しており，団地の集会所で日本語教室が行われていた。そこで2〜3名の学習者を紹介してもらい，彼らの仕事が終わった後に自宅にお邪魔して，地図を描いてもらったのが最初だった。その後，豊橋市，浜松市，名古屋市でも地図を描いてもらった。名古屋市港区九番団地の日本語教室「AULA DO KYUBA」では，日系ブラジル人に日本語を教えながら，教室の合間の時間に地図を描いてもらったり，読図実験に協力してもらったりした。地図を描いてもらうことが目的であったが，日本語を教えたり教室の行事に参加したりするうちに，多くの日系ブラジル人学習者と友達になり，その方がスムーズに地図を描いてもらえた。いきなり初対面で調査を依頼するよりも，地域や組織の一員として関係性を築いてからの方が，フィールドワークや調査を進めやすいことを実感できた。最終的には41名の日系ブラジル人に調査に協力してもらい，延べ36名分の2種類の手描き地図を集めることができた。一方，日本人は，静岡大学に通うおもに大学2・3年生35名に2種類の手描き地図を描いてもらった。両者の手描き地図を比較することで，日系ブラジル人の手描き地図の特徴を明らかにできた。

2-2　調査方法

①方向感覚質問紙調査

　私たちは日常生活のなかで，方向感覚について話題にすることがある。方向感覚が良いとか悪いとかいう指標として，東西南北の方位を指差せたり，道に迷いやすいかどうかを使ったりしている。こうした能力は，環境や空間のなかに定位する（自分のいる位置を自分自身でわかる）のが得意かどうかによる。方向感覚の良し悪しを測ることで，空間を認知する能力の個人差を明らかにできる。そこで本研究では，「方向感覚質問紙簡易版（SDQ-S）」を使った調査を行なった。これは竹内（1992）によって考案された，日本人の方向感覚の良し悪しを調べる 20 の質問項目からなる質問紙である（表 21-1）。従来の研究から「方位と回転」（おもに方位に関する意識）と「記憶と弁別」（おもにランドマークの記憶に関する意識）が，空間認知やナヴィゲーションを規定する要因であることが明らかにされている。そこで，この質問紙を日本人と日系ブラジル人に回答してもらい，両者を比較した。日系ブラジル人にはポルトガル語に翻訳した質問紙を使った。統計学的に処理する際は，できるだけ多くのサンプルを集める必要がある。せっかく質問に回答してもらえても，欠損のある項目が一つでもあると，その質問紙は分析には使えない。本研究でデータとして処理したのは，日本人は 252 人分の，日系ブラジル人は 41 人分の質問紙だった。因子分析を行うには，質問項目数の 2 倍以上のサンプル数を集める必要があるといわれているため，日系ブラジル人については，因子分析を行ううえで最低限のサンプル数だった。

②手描き地図調査

　頭のなかの地図，すなわち人が身の回りの環境をどのようにとらえているのかを知りたくても，頭を半分に切って脳のなかから地図を取り出せない。そのため，白紙に思いつくまま地図を描いてもらう「手描き地図調査」を行う。頭のなかにある地理的な知識やイメージ（の一部）を，白紙の上に取り出そうということである。対象が大人であれば，紙の大きさに収まるように地図を描こうとするが，小学校低学年くらいまでの児童は，地図が 1 枚の紙には収まらなくて，次々と継ぎ足さなくてはならないこともある。本研究では，2 種類の手描き地図を描いてもらった。一つは，自宅を中心に描いてもらう「自宅周辺図」で，その人が知っている身の回り空間の拡がりがわかる。もう一つは，自宅から駅や職場までの道のりを描く「経路図」で，目的地までにたどり着くのに用いるランドマーク（目印）がわかる。

表 21-1　方向感覚質問紙簡易版（SDQ-S）の平均得点と標準偏差 (出典：高井 2004)

質問項目	平均得点（標準偏差）	
	日本人 (n = 252)	日系ブラジル人 (n = 41)
1*** 知らない土地へ行くと，途端に東西南北がわからなくなる	2.33（1.17）	1.54（0.93）
2 知らないところでも東西南北をあまり間違えない	2.31（1.26）	2.22（1.42）
3*** 道順を教えてもらうとき，「左・右」で指示してもらうとわかるが，「東西南北」で指示されるとわからない	2.72（1.40）	1.63（1.14）
4*** 電車（列車）の進行方向を東西南北で理解することが困難	2.67（1.32）	1.39（0.92）
5*** 知らないところでは，自分の歩く方向に自信が持てず不安になる	2.85（1.17）	1.90（1.38）
6 ホテルや旅館の部屋にはいると，その部屋がどちら向きかわからない	2.44（1.13）	2.88（1.74）
7*** 事前に地図を調べていても初めての場所へ行くことはかなり難しい	3.16（1.28）	1.98（1.41）
8 地図上で，自分のいる位置をすぐに見つけることができる	3.29（1.11）	2.80（1.65）
9 頭のなかに地図のイメージをいきいきと思い浮かべることができる	2.71（1.16）	2.73（1.57）
10 所々の目印を記憶する力がない	3.47（1.09）	3.29（1.52）
11 目印となるものを見つけられない	3.69（1.04）	3.88（1.42）
12** 何度も行ったことのあるところでも目印となるものをよく憶えていない	3.91（1.13）	4.42（1.05）
13 景色の違いを区別して憶えることができない	3.30（1.07）	3.00（1.41）
14 とくに車で右・左折を繰り返して目的地についたとき，帰りはどこでどう曲がったらよいかわからない	2.81（1.23）	2.59（1.64）
15 自分がどちらに曲がってきたかを忘れる	3.51（1.25）	3.37（1.61）
16*** 道を曲がるところや目印を確認したりしない	3.39（1.13）	4.00（1.32）
17 人に言葉で詳しく教えてもらっても道を正しくたどれないことが多い	3.34（1.11）	3.54（1.42）
18* 住宅地で同じ様な家がならんでいると，目的の家がわからなくなる	2.77（1.14）	2.34（1.37）
19*** 見かけのよく似た道路でも，その違いをすぐに区別することができる	2.60（0.95）	3.42（1.34）
20** 二人以上で歩くと人について行って疑わない	3.04（1.16）	2.34（1.35）
方向感覚自己評定（5：非常によい，4：比較的よい，3：どちらともいえない，2：比較的悪い，1：非常に悪い）	2.79（1.16）	2.68（0.85）

注：Wilcoxon の順位和検定において，***：0.1％で有意，**：1％で有意，*：5％で有意。

　同じ場所でも描かれる地図は人によって異なるため，手描き地図にはさまざまなものが描かれる。こうした手描き地図を分析するには，年齢や居住年数や性別で比較しながら，描かれたものを分類したり，描かれた空間の範囲をとらえたりするといった視点がある。描かれたものは，たとえば店舗や道路や畑のように，点的・線的・面的な要素に分類できる。描かれた空間の範囲は，面積を測ることで求められるが，手描き地図の場合は描画範囲（地図に描かれた領域）があいまいで定まらないため，これを定量的にとらえる必要がある。論文のうち髙井ほか（2003）では，

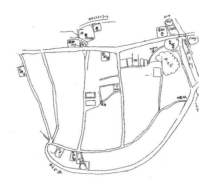

図 21-1　自宅周辺図の例（浜松）（出典：高井ほか 2003）

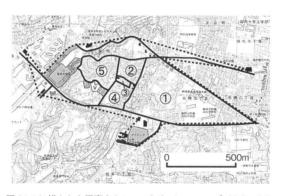

図 21-2　図 21-1 に描かれた要素をトレースしたベースマップ（出典：高井ほか 2003）

手描き地図の外周部にあたる既知の建物や交差点同士を直線で結び，それらの直線によって囲まれた多角形の領域を描画範囲と定めた（図 21-1，図 21-2）。GIS（地理情報システム）を用いて，こうして定めた多角形の領域の実際の空間での面積を測れば，手描き地図に描かれた要素が分布する面的な拡がりを定量的にとらえることができ，面積が大きいほど広い領域を認知していると判断できる。

3　二つの調査からわかったこと

3-1　日系ブラジル人にとってナヴィゲーションに重要な能力

　方向感覚質問紙調査の 20 質問項目ごとに，日本人と日系ブラジル人の平均得点と標準偏差を求めた（表 21-1）。平均値に大きな違いがみられたのは，方位に関す

る項目だった。日系ブラジル人の標準偏差の値が日本人よりも小さくなった。日系ブラジル人は日本人に比べて「東西南北がわからない」という共通した意識をもっていることがわかった。

　次に，方向感覚質問紙調査の数値を使って，因子分析を行なった。因子分析とは多変量解析の一つで，心理学をはじめとする多くの学問分野で用いられている。因子負荷量の数値をもとに，多変量のデータのもっている情報を，その裏に潜む潜在的な因子によって説明する方法である。この調査では，第1因子は「ランドマークの利用と記憶」を表す因子，第2因子は「方位に関わる意識」を表す因子と解釈できた。また，これら質問項目の得点と方向感覚自己評定の得点との相関をみると，日系ブラジル人ではランドマークの利用と記憶に関する項目において，相関が高くなった。これらの結果より，日系ブラジル人は，日本の都市空間では方位を意識することが少なく，ランドマークがナヴィゲーションの際に重要な意味をもっていることがわかった。

3-2　日系ブラジル人の手描き地図の特徴

　日本人は35名の経路図と自宅周辺図を，日系ブラジル人は27名の経路図と19名の自宅周辺図を分析した。経路図では描かれたランドマークの種類と経路上での位置を調べ，自宅周辺図では描画形態を居住年数で比較しながら分類した。図21-3は，ある日本人大学生が描いた経路図である。漢字や仮名，ローマ字で表記される

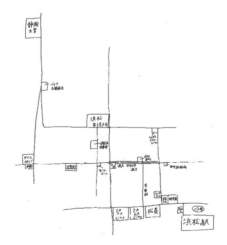

図 21-3　日本人が描いた経路図の例（浜松）（出典：髙井 2004）

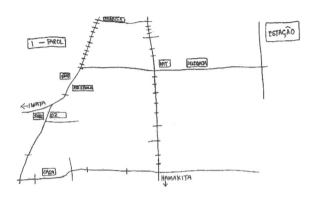

図 21-4　日系ブラジル人が描いた経路図の例（浜松）（出典：髙井 2004）

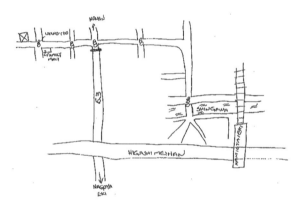

図 21-5　日系ブラジル人が描いた経路図の例（名古屋）（出典：髙井 2004）

店舗名や商標名などさまざまなランドマークが描かれた。おそらく皆さんも同じよ
うな地図を描くであろう。一方，日系ブラジル人の描いた経路図には，コンビニ，
ガソリンスタンド，スーパーマーケットがランドマークとして描かれた。その多く
が，ローマ字で表記される店舗名や施設名のほか，看板のロゴマークや商標を示す
記号だった。図 21-4 は，自宅（casa）から工場（fabrica）と駅（estação）までを
描いたものであるが，経路上にある 32 か所の信号機（farol）を描いている。他に
も，道路地図に載っているような県道番号や市道番号を書いた地図もあった（図
21-5）。日本語を読むという能力の制約から，日系ブラジル人が経路上でランドマ
ークとして利用できる地物は限られる。そのため，彼らが判読できる文字や商標で

表記されるランドマークに加えて，交差点の信号機もナヴィゲーションでの重要な
ランドマークになるのである。

　一般的に手描き地図の形態は，居住年数が長くなるにつれて，ルートマップ型か
らサーベイマップ型へ移行するといわれている。ところが，日系ブラジル人の多く
が，居住年数の長短にかかわらず，描画された範囲が非常に狭く，ランドマークの
少ない道路中心のルートマップ型の手描き地図を描いた。描かれた手描き地図の向
きも一定ではなかった。同じ都市空間に暮らしていても，日系ブラジル人は，日本
人と環境のとらえ方が異なるということが，両者の手描き地図を比較することによ
ってわかった。

4　得られた知見を社会に活かす

　近年，観光客として短期間で日本を訪れたり，労働者として長期間を日本に暮ら
したりする外国人が増えている。そのような外国人が移動する際に不便を被らない
ように，多くの自治体や機関では外国人向けの地図（案内図やハザードマップ）が
作成されている。この研究で明らかにされた，目的地まで移動する際の手がかりや
ランドマークの特徴は，外国人向けの地図の地図表現に応用し，彼らにとってわか
りやすい地図を作成するために活かせると考えられる（髙井 2000）。

　外国人が使う地図を外国人にとってわかりやすくする，という配慮は，これまで
ほとんどなされてこなかった。自治体で作成されてきた外国人居住者向けの案内図
やハザードマップは，日本語の地図の地名や店舗名をそのままローマ字で表記した

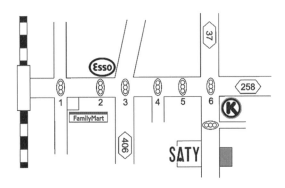

図 21-6　外国人にわかりやすい案内地図の例（出典：髙井 2006）

だけのものが多くみられる。たとえ，地図をみながら歩いていて，漢字表記の店舗
名がローマ字表記で案内図に記載されていたとしても，この店舗名はランドマーク
として役に立つだろうか。外国人が日本語を読むことに不自由を被るのであれば，
外国人にとってわかりやすい地図にするためには，彼らの立場になって考えてみる
ことも必要ではないだろうか。

　外国人にとってわかりやすい「まち案内」を作成するために考慮すべき点はいく
つか考えられる。地図に関するものとしては，外国人が判読しやすいように地図の
表現を工夫することである。図21-6は，外国人にわかりやすい地図として模式的
に作成したものである（髙井2006）。たとえば，ローマ字やロゴマークで表記され
るランドマーク，交差点の信号機の個数や道路番号は，誰でもわかる共通したラン
ドマークとして有効である。また，多くの日系ブラジル人はブラジル食料品店を利
用する。彼らの日常生活に馴染みの深い施設を，意図的にランドマークとして載せ
てもよいだろう。今回は日系ブラジル人を対象としたが，別の外国人に手描き地図
を描いてもらえば，また違った地図の表現も考えられるはずである。

　外国人の多くが日本語を読むのに不自由なため，目的地までの移動に不自由を被
ることがあることに気づき，彼らの手描き地図の特徴をもとに，外国人にわかりや
すい地図にするための表現のあり方を考えた。地理的な情報をいかにわかりやすく
伝えるかという問題は，空間認知の研究テーマとして盛んに考えられてきた。とこ
ろが，マイノリティーや外国人に着目し，地図の利用者の側からの地図作成を検討
する研究は，ほとんど行われていない。利用者の立場になって，それが本当に使い
やすいものになっているのかを考えることは，ユーザービリティの見地からも非常
に重要な視点になっていくだろう。

■引用文献

髙井寿文 2006. 在日外国人に判りやすい「まち案内」や地図作成の試み. 岡本耕平・若
　　林芳樹・寺本　潔編『ハンディキャップと都市空間——地理学と心理学の対話』121-
　　125. 古今書院.
竹内謙彰 1992. 方向感覚と方位評定, 人格特性及び知的能力との関連. 教育心理学研究
　　40(1)：47-53.

■こんな文献もあります

村越　真・若林芳樹編著 2008.『GISと空間認知——進化する地図の科学』古今書院.

第1部

第2部

第3部

22　外国人と地域について考えてみる

【元になった論文】
片岡博美 2014. 外国人は顔の見えない存在なのか？――2000 年以降における滞日ブラジル人の生活活動の分析から. 地理学評論 87(5)：367–385.

片岡博美（近畿大学）

1　外国人と地域

　「高齢化」「少子化」が我々の住む日本の各地で進行していることは，皆さんもさまざまな授業で学んでいるであろう。これら少子高齢化の結果として，今後国内各地では「労働力人口」が著しく減少することが予測される。もちろん，今現在でもすでに労働力が不足している産業や職業があり，その不足を解消するために外国人労働力が果たす役割も大きくなってきた。2019 年 4 月には「出入国管理及び難民認定法」の改定が行われ，今後 5 年間で約 35 万人の外国人の受け入れが予想されている。

　外国人をテーマとした「エスニシティ研究」は，社会学や人類学，経済学ほか多岐に渡る学問分野において行われてきたが，地理学からこれらテーマを扱ったものは「エスニック地理学」とよばれる研究分野に属する。国際移動を行う外国人は受入国の受入先である「ホスト社会」で生活を送ることになるが，彼らを取り巻く就業や雇用システム，医療サービス，教育，ホスト地域住民との社会関係資本の構築などを，とりわけ彼らの日常生活の舞台となる地域をセットで地理学的に分析・解釈してみると，地域におけるさまざまな現象や課題がみえてくる。ここでは，片岡（2014）をもとに，そのアプローチの一端を紹介する。

2　外国人の地域における日常を調査する

　日本におけるエスニシティ研究で多く用いられる統計としては，総務省の「国勢調査」と法務省の「在留外国人統計（2011 年までは「登録外国人統計」）」や「出入

第1部

第2部

第3部

国管理統計」などがあり，これらの統計を用いることで，日本に在留する外国人の国籍別人口や居住地はもちろんのこと，居住形態や居住年数，また在留資格や年齢構成，就業職種，出入国者等の数値などを把握することができる。なお，各都道府県や市町村でも個別に在留外国人（2011年までは登録外国人）の人数を集計しているところがあるので，利用するとよいであろう。ただし，研究目的によっては，より詳しいデータ，たとえば月別の収入や居住先の住居形態（借家か社員寮か持ち家かなど），余暇の過ごし方といったような，在留外国人のホスト社会における日常生活に関わる詳細なデータが必要になる場合もある。すべての地域で行なっているわけではないが，外国人が多く居住する地域では，自治体の「国際課」等やその外郭団体である「国際交流協会」といった団体で独自に行なっている「外国人の生活実態調査」などもあるので，それを活用することも一案である。ただし，これらの調査は，外国人労働者の就業先や子どもが通う学校経由でのアンケート調査などである場合もあり，回答にはある種の「バイアス」がかかっている可能性もあるので，注意が必要である。

　とはいえ，既存のデータのみで彼らの日本における生活実態やその課題を分析することは不可能である。そのため，外国人に対するアンケート調査や聞き取り調査を行うことで，その実態を明らかにしていくことが必要となる。その際にとても重要になるのが，研究対象となる外国人の背景にある文化や生活習慣の違いを考慮した設問や質問を設定することである。また，アンケート調査自体に慣れていない人びともいるので，回答してもらいやすいように工夫する必要もある。

　図22-1は，滞日ブラジル人に対する「買物行動」についての調査に用いた回答用紙である。はじめて調査用紙を目にする人でも記述しやすいように，○×記入をしてもらう設問がほとんどで，記述欄でも数値や単語を入れてもらうだけにしている。記述式の設問を多くしてしまうと，集計時の誤訳や質問と回答の意図せざる乖離などが生じるため，最小限にとどめたほうがよいであろう。ところで，片岡（2014）では，公的なデータからはけっしてみえてこない，ホスト社会にお

図22-1　買物行動についての調査用紙
（一部抜粋）

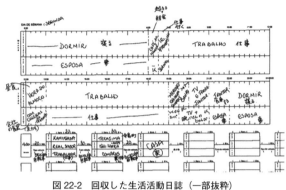

図 22-2　回収した生活活動日誌（一部抜粋）

ける在留外国人の詳細な一日の生活活動を分析し，ホスト社会とのつながりや地域
の外国人やホスト社会住民の抱える課題を明らかにするため，彼らの「生活活動日
誌」のデータを収集・分析を行うことにした。この調査では対象者が在留ブラジル
人であったので，調査協力の依頼時（調査用紙配布時）に，生活活動日誌というも
のの概念をまず詳細に説明したうえで，記載方法等を例示し，記入漏れを最小限に
留めるように努めた。また記入漏れがある箇所については補足調査で対面調査を行
い，追記した。回収した生活活動日誌の一部を図 22-2 に示す。

　在留エスニック集団に対する調査，とりわけアンケート調査では，郵送での配布
回収にした場合，調査用紙自体が在留外国人に届かないケースや回収ができにくい
場合が多くある。そのため，前述したバイアスはかかってしまうが，外国人児童が
多く通う学校や外国人を多く雇用する企業，あるいは地域の日本語教室，外国人集
住地区の自治会や公民館，在留外国人が多く集まる事業，外国人が経営する「エス
ニック・ビジネス」などを通して調査票を配布・回収することも試みるとよいであ
ろう。また，日常より，調査地域のエスニック・コミュニティや当該コミュニティ
のキーパーソンとの良好な関係を築いておく必要もある。

　さて，このような準備や手法を用いて，片岡（2014）では 84 人分の平日と休日の
それぞれの生活活動日誌のデータを入手した。続いて，これらを分析していこう。
まずこれら活動日誌をきれいに記載し直したものが，図 22-3 になる。これをみる
と，ホスト社会のなかで，ブラジル人がどのような休日の生活を送っているのかが
詳細にわかる。皆さんの日常と比べてどうであろうか？　また，この生活活動日誌
調査を行なった際には，合わせてトリップ調査も行なったので，図 22-4 では，性

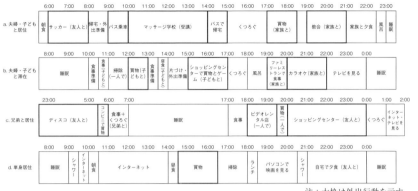

注：太枠は外出行動を示す。

図 22-3　滞日ブラジル人の生活活動日誌（休日分）

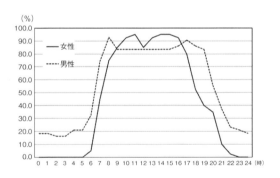

図 22-4　性別からみた平日の外出行為者率（トリップ調査により作成）

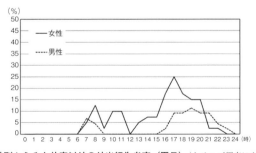

図 22-5　性別からみた仕事以外の外出行為者率（平日）（トリップ調査により作成）

第1部

第2部

第3部

別ごとの平日の外出行為者率をみてみる。滞日ブラジル人は，就業を中心とした生活を送る者も多く，その時間的制約からなかなか，ホスト社会と接するあるいは溶け込むことが難しい存在となることも多い。梶田ほか（2005）では，このようなホスト社会における外国人労働者のあり方を「顔の見えない定住」と表現している。図22-4では，男性は平日の7時から18時まで，女性は9時から17時まで，ともに8割を超える人々が外出していることがわかる。ただし，外出活動のすべてが就業ではないと思われるので，図22-5では就業以外の外出だけを抽出してみた。これをみると，とくに女性は，就業以外の外出行為も比較的多い。前述した生活活動日誌で確認すると，女性に関しては「子どもと公園で遊ぶ」，「スーパーへ買い物に行く」といった行動が頻繁に行われていることがわかった。「顔がみえない」ながらも，実はまちなかのスーパーや公園などという空間は，ホスト社会との接点（ただし，ホスト社会住民との接触が行われているかというと疑問であるが）となっているのである。

　片岡（2014）では，このようなブラジル人の日常の生活を詳細に検討するなかで，従来一括して論じられがちであった在留外国人の生活が，性別や日本語能力，滞在

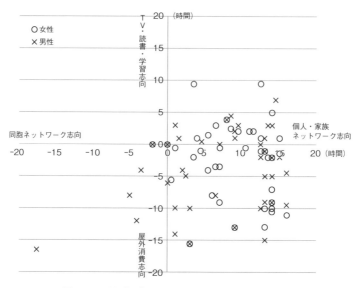

図22-6　活動時間数からみた滞日ブラジル人の志向性

形態，自家用車保有の有無などの個人的属性ごとにみると，実はかなりの多様性に富むことを指摘した。それとともに，在留外国人が休日どのような形で時間を使うか，たとえばアウトドア派かインドア派か，あるいは友人とともに過ごすことが多いのか，あるいは個人や家族のみで過ごすことが多いのか，といったことに焦点をあてて分析し，彼らのホスト地域における日常生活が，その指向性から，いくつかの類型に分かれることも示した（図22-6）。このように，公的な統計と合わせて，自分自身でアレンジしたアンケート調査や聞き取り調査，その他の調査を行うことで，在留外国人の生活の実態やそれにともなう課題など，さまざまなことがみえてくる。

3　外国人と地域の「これから」を考える

　ところで，図22-7は片岡（2016）の，東海地域における滞日ブラジル人が大規模災害発生時に地域に対し貢献できることを彼らの日本語能力別にみたものである。これをみると，少子高齢化が進む日本で，在留外国人が地域における貴重な人的資源となってくれる可能性もうかがえる。その意味では，コンフリクトを生じさせて

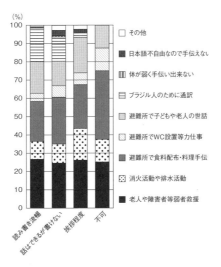

図 22-7　東海地域における滞日ブラジル人が大規模災害発生時に
地域に対し貢献できること（日本語能力別）

いる暇などない。ただし，そのためには，彼らとホスト社会をとりまくさまざまな
課題をまず解決していくことが大切である。興味をもった方は，ぜひ調査研究に挑
戦してみてほしい。皆さんの研究が，よりよい多文化共生社会の構築に貢献してく
れることを願ってやまない。

■こんな文献もあります

石川義孝編著 2019．『地図でみる日本の外国人（改訂版）』ナカニシヤ出版．
梶田孝道・丹野清人・樋口直人 2005．『顔の見えない定住化』名古屋大学出版会．
片岡博美 2016．地域防災の中の「外国人」──エスニシティ研究から「地域コミュニティ」
　　を問い直すための一考察．地理空間 9(3)：285–299．
片岡博美 2020．「多文化のまち」が持つポリフォニックな姿──「多文化のまち」を街区
　　レベルから読み解く重要性とその際に留意すべき事項についての覚え書き（特集 大都
　　市における「街」の経済地理学）．経済地理学年報 66(4)：324–336．
山下清海編著 2016．『移民エスニック集団とホスト社会──日本社会の多文化化に向けた
　　エスニック・コンフリクト研究』明石書店．

23　飲酒の空間を調べてみよう
アルコールの社会・文化地理学への招待

【元になった論文】
杉山和明・二村太郎 2017. 英語圏人文地理学における「酒精・飲酒・酩酊」に関する研究動向——日本における今後の事例研究に向けて. 空間・社会・地理思想 20：97–108.

杉山和明（流通経済大学）

1　社会・文化地理学からのアプローチ

　これまで，アルコール飲料の歴史や産地，提供される場でのふるまいや活動，アルコール関連問題等に関して，さまざまな分野の研究が積み重ねられてきた。日本の地理学においても，清酒の醸造や生産地の特性，酒類の生産・流通・販売，あるいは生活文化の側面などの研究が行なわれてきたが，飲酒という行為がもつ社会的な意味や役割についての研究は少なかったといえる。

　本章では，人文地理学のなかでも社会・文化地理学の研究動向から，日常生活のなかでの飲酒を考察する例を考えていく。とくに，テーマの選定をどのように行なっていけばよいのか，その手順について述べることにしたい。

　筆者は以前，『アルコールと酔っぱらいの地理学』（ジェインほか 2019）という本の翻訳に携わったことがある。イギリスの地方都市・農村を主な事例地域として，飲酒という行為が個人あるいは社会集団にとってどのような意味をもっているのかをインタビュー調査をもとに考察した本である。都市／農村という空間的な対比，あるいは，年齢や性別，世代，階層，エスニシティ，ジェンダーといった社会的に付与される属性の違いによって，飲酒が特定の時代と場所においてどのような意味をもつことになるのかということを探っている。イギリスの事例を調査した書籍であるが，現代の先進国という共通した社会・経済的条件に鑑みれば，日本の状況を考えるうえでも有益な示唆が得られる。この本の内容を概説した論文（杉山・二村 2017）のなかで，筆者は今後の事例研究に向けて提言を行なった。それらのなかから，いくつかの方向性を取り上げて紹介していくことにする。

2 地域の酒文化，店舗業態の機能分化

　ある地域の飲酒の空間を考えるとき，最初に触れておきたいのは地域に特徴的な飲食文化というものである。伝統的な郷土料理やご当地（B級）グルメがあるように，好まれるアルコールの種類や銘柄などに地域ごとの違いがみられる。ワインなどの醸造酒であれば，気候風土から生まれる特徴（テロワール）と食の組み合わせを考えること自体が，歴史的に構築された地域性を探求するための有効な手段となる。そうした地域ごとに特色ある飲食文化をフィールドワークから明らかにしていく作業（たとえば，中村 2014, 2020）は，地産地消の問題を考えるうえでも重要である。従来の文化地理学の手法を進展させた飲酒の地理学は，今後も継続して取り組まれるべきテーマといえる。これは本章第3節で取り上げる観光地理学の課題とも関わってくる。

　次に考えられるのは，ある地域にどういう種類の店舗が多いのかあるいは少ないのかという点である。おもに酒類を提供する飲食店がどのような類型に分けられるのかを把握しておく必要がある。代表的なカテゴリーとして，居酒屋，カフェ，ビアホールやビアガーデン，バー・スナック，ナイトクラブ，あるいは，「接待」をともなう店舗が挙げられるだろう。これらは飲食営業許可を得た営業であり，酒類を提供する点では同じでも，業種や店舗の類型によっていくつかの営業に分けられる。具体的に考慮しなければならないのは，風営法や建築基準法で定められた立地および深夜営業（0～6時）など営業時間の規制や，都市計画法の用途地域の制限である（表23-1）。保全対象施設（学校，図書館，児童福祉施設，病院，有床診療所など）からの制限距離，営業可能な時間，用途地域は，都道府県条例等で地域事情に応じて個別に指定されているため自治体ごとに異なっている。法規制のあり方によって飲酒の空間の機能分化が促進されたり制限されたりすることには注意したい。

　機能分化については，たとえば，歓楽街の歴史に目を向けると，酒場の起源がどういうもので，どのように細分化し発展してきたのかを解き明かすことができる。歴史地理学の分野では，飲食と性的な交渉が一体となった空間が遊行の中心を占めていた時代を取り上げる研究がある。最近でも京都における酒場形成論が発表されており，飲食と性的な交渉が一体となった空間が公衆衛生や風紀上の問題から規制されていくなかで，街が変容しさまざまな業態が出現していく過程が描かれている（加藤 2020）。現代にみられる多様な酒場の源流がそれほど古いものではないこと，前近代的な空間が変化してカフェーが出現し，それが起点となって現代につながる

表 23-1　風俗営業等業種のうち飲食に関わる営業一覧

業種別				保全対象施設	深夜営業	営業可能な用途地域
風俗営業	接待飲食等営業	1号営業	料理店, 社交飲食店	有	否	商業地域, 準工業地域
		2号営業	低照度飲食店			
		3号営業	区画席飲食店			
性風俗関連特殊営業	店舗型性風俗特殊営業	6号営業	出会い系喫茶	有	否	商業地域, 準工業地域
特定遊興飲食店営業			ナイトクラブ等	無	可	準住居地域（床面積200m² 未満まで）, 近隣商業地域, 商業地域, 準工業地域
深夜酒類提供飲食店営業			バー, 酒場等	無	可	近隣商業地域, 商業地域, 準工業地域, 工業地域, 工業専用地域

出典：警視庁の風営法に関する資料（風俗営業等業種一覧 https://www.keishicho.metro.tokyo.jp/tetsuzuki/fuzoku/gyoshu_ichiran.html）をもとに，都市計画法，建築基準法の定めを加えて作成。保全対象施設（学校，図書館，児童福祉施設，病院，有床診療所など）からの制限距離や営業可能な時間・用途地域は，都道府県条例等によって個別に指定されているため自治体ごとに異なる。

さまざまな業態の酒場が現れてきたことを理解することができる。

　小規模店と大規模店の違いを把握することも重要な視点である。全国規模あるいは複数の地域規模でチェーン展開する居酒屋が多い地区もあるであろうし，複数の店舗を展開する居酒屋，地元密着型で家族経営の店舗が集積した繁華街もあることであろう。そうした差異が，その街の特徴を示す指標となる場合がある。

　このような視野を広げて，筆者は近年の大手居酒屋チェーンの展開にともなう課題を考察したことがある（Futamura & Sugiyama 2018）。日本では1970年代以降，居酒屋が大型化し外食産業の担い手の一角に成長していくといった展開があった。一方で，産業として発展したことの裏返しでもあるのだが，そうした経営が低賃金かつ長時間の労働を常態化させることにつながり，一部の酒屋チェーンがいわゆる「ブラック企業」として批判の対象となった。この問題を論じるなかで，ローカルな地域密着型の大衆居酒屋が衰退していく傾向や，チェーン居酒屋の進出による景観の画一化（図23-1），均一価格業態や飲み放題サービスによる廉価販売（廉売）が引き起こす問題などについても考察している。通時的な機能分化への視点をもつことで，現在の飲酒の空間が引き起こすさまざまな課題にも気づくことができるようになるはずである。

図 23-1　居酒屋チェーン店が大半を占める雑居ビル
（浅草駅付近にて 2017 年 3 月 30 日筆者撮影）

③　アルコールを媒介とした行為・イベント・観光

　前節で述べた歓楽街の話とも関わるが，特定の社会的な属性に向けた飲酒の空間
に着目することでみえてくるものがある。たとえば，筆者はかつて，若者が利用す
る地理的空間を研究する方法として参与観察の手法を解説をしたことがある（杉山
2007）。地方都市の駅前再開発地区に集まる若者の様子を，実際にその空間に参加
し行動することを通じた調査方法を説明したわけだが，これは，繁華街のなかでも
特定の社会的属性をもった人びとの飲酒の空間を調査する手法の解説にもなってい
る。その他にもさまざまな主題が考えられる。上述した風営法と密接なつながりを
もつセクシュアリティに関わる空間についての研究を，二つ取り上げてみよう。

　まず，飲酒を媒介に特定のジェンダー関係とエスニシティを演出した空間の例と
して名古屋市の歓楽街に集積した「フィリピン・パブ」が織りなす空間についての
研究がある（阿部 2011）。特定のエスニック集団がキャバレークラブのホステスと
して「接待」を含むサービスを提供する業態は，1980 年代以降 2006 年に興行ビザの
審査が厳格化されるまで全国各地にみられた。それらのなかでも，「フィリピン・
パブ」はもっとも多く展開された業態である。一連の研究は，フィリピン人エンタ

ーテイナーに対する管理手段やメディアのまなざしの変化などを分析しつつ，法的な規制のはざまで出現した特異な飲酒の空間の盛衰を詳しく考察している。社会・文化地理学の考え方を体現した力作といえるであろう。

　次に取り上げたいのは，「新宿二丁目」という世界最大の規模を誇るゲイ・ディストリクトを対象とした都市地理学的研究である（須崎 2019）。「ゲイバー」の従業者がどのようにそのテナント空間を確保しているのかを，キーパーソンを軸とした貸し借りの実態を明らかにすることで迫っている。対面的な飲酒の空間となっているからこそ，ネット上のコミュニティとは異なった，性的マイノリティの社会を維持・発展させる「場所」となっていることを理解することができる。

　ここで取り上げた「フィリピン・パブ」や「ゲイバー」といった店舗は，前近代とは異なる形の新しい業態だが，飲酒と性的な関係が絡みあった空間という意味では機能的に連続性のある空間ともいえる。さらにいえば，クィア的な場に着目することは，逸脱的なカテゴリーを通じて健全さが生み出されるという逆の発想をもたせてくれる。こうした研究は，日常的な空間の自明性あるいは広い意味での構築性を解き明かすことにもつながっていくのである。

　続いて，近年の飲酒イベントに着目した研究をみてみよう。各地の商店街の活性化推進を目指したバル・イベントを扱う研究が盛んになってきている（石原 2017）。地域のさまざまな物的・人的資源を活用するヒントが隠されている飲酒を主目的とした地域イベントと，それらを演出するガイドマップの表象に着目するという視点は重要である。クラフトビールを中心に提供する飲酒イベントに着目した研究もある（飯塚ほか 2018）。クラフトビールは高価格帯の酒類といえるわけだが，ドイツやベルギーなどの海外ビールを含むクラフトビールの提供に特化した期間限定イベントが，低価格飲料が好まれる低成長時代のなかでも，大都市圏や地方大都市を中心に数多く行われるようになっている（図 23-2）。これらのイベントは有力な観光資源と考えられるようになっており，酒離れが進んでいるといわれる若者たちのあいだでも一定程度受け入れられているようにみえる。

　飲酒イベントは，日常的な空間を期間限定の祝祭的な空間につくり替える作用がある。アルコールの摂取を主目的とした非日常的な空間の体験を売り物にしているという意味では，世界的にはアルコツーリズムといわれている観光を演出する空間でもある。あるいは，日本観光振興協会が事務局を担う日本酒蔵ツーリズム推進協議会の「酒蔵ツーリズム」がそうであるように，ある土地独自の飲食を主目的とした観光であるフードツーリズムは，アルコツーリズムとしての側面をもっている。

図 23-2　横浜オクトーバーフェスト 2013 で飲食を楽しむ人びと
(横浜市中区横浜赤レンガ倉庫にて 2013 年 10 月 14 日筆者撮影)

こうした見方をすることで，これまでとはまた違った観光地理学の論点が浮かびあがってくることであろう。

4 アルコール飲料と飲酒様式の変化

　アルコール飲料の品目や消費量から考察を深めることもできる。考察の前提として，日本国内の酒類を法的に定義づけしている酒税法について知っておく必要がある。この法律は，1953 年に旧酒税法を全面改訂する形で制定された後，時代の変化にあわせて何度も改正されている。直近では 2018 年に改正され，ビール類の原料規定が緩和され多様な商品が生産できるようになり，2020 年 10 月からは，ビール系飲料の税率が段階的に一本化されることにもなった。

　酒税法は，酒類を「アルコール分 1 度以上の飲料」（第 2 条）とし，原料やその割合，製造法，アルコール度数等によって分類・品目と税率を細かく定めている。酒税の賦課徴収，酒類の製造・販売業免許なども規定しているので，どのような酒類がどれだけ流通するかの大枠を定めているといえる。酒類は現在のところ，発泡性酒類，醸造酒類，蒸留酒類，混成酒類の四つの品目に大別され，それぞれの分類に 2，3，6，6 の計 17 もの品目が設定されている。

　では，どのような品目の酒類が現代の日本において多く飲まれているのであろうか。酒税法を管轄する国税庁が，出荷量や出荷額などはもとより酒類の全体的な動

向を知ることのできる統計を取りまとめている。年度別の報告書『酒のしおり（令和2年3月）』によると，国内でもっとも課税移出数量の多いアルコール飲料は世界の主要国と同じくビールで，248万 kl となっている。次にリキュールが240万 kl，発泡酒が64万 kl，清酒が49万 kl，単式蒸留焼酎が44万 kl，その他の醸造酒が43万 kl の順に続く。報告書からは，全体として酒類の国内生産量は低下しているなかで，清酒類の落ち込みが大きく，逆に伸びているのはリキュール類であるといったことがわかってくる。リキュール類の伸びが著しいのは，このカテゴリーにチューハイおよび新ジャンル飲料（ビール系飲料）が含まれるためである。

　もちろん，全国的状況の変化だけではなく，都道府県あるいは市町村において一人当たりの飲酒量の変化をみていく視点もある。飲酒量という側面から地域性を探ることもできる。第2節で述べた飲食文化についても，つまみの種類・内容だけではなく，もう一歩踏み込んで，飲む量や飲み方，ペース，時間，場所，場面，人数なども含めた幅広い意味での飲酒様式（飲酒スタイル）の違いが，世代，ジェンダー，エスニシティにおいてどのように異なって現れてくるのか，という視点を加えることで研究の広がりが出てくる。

　減少傾向にあるとはいえ，依然としてもっとも消費量の多い酒類であるビールを例に挙げて考えてみよう。世界的に事業を展開する日本のビールメーカーがおもに生産しているのはピルスナーとよばれるタイプのビールであるが，昨今それとは異なる，前節で述べたクラフトビールとよばれる独特の風味をもった少量生産のビールが流行しているといわれている。日本においては，1994年に酒税法が改正され，ビールの最低製造数量基準が緩和された後の1995年からと，地ビールというよりクラフトビールとよばれるようになった2000年中頃からもしばらくブームがあったので，現在は3回目のブームといわれている。とくに2015年は大手ビールメーカーであるキリンがクラフトビール市場に参入したこともあり，クラフトビール躍進の年として位置づけられている。先に述べた2018年の酒税法改正も，商品の多様化を後押しすることになった。クラフトビールは，いわゆるプレミアム市場の活性化と無縁ではない。多品種・少量生産なので高額ではあるものの，独特の味わいがスタイリッシュということで，一部の消費者に受けているのである。これは，若者が牽引している現象というわけではなく，若者も含む可処分所得の高い層の人たちに受け入れられた結果であると考えられる。

　クラフトビールは各地でさまざまな商品が生産されている。これらのなかには複数の地域間の流通を目指すものもあり，あるいは，全国で展開する一部のクラフ

トビールもある。だが，やはり地域性というものが強調されているため，ご当地ビールは前節で述べたように観光地理学の対象にもなる。

　他方，伸張しているリキュール類に着目してみると，いわゆる RTD（Ready to drink）とよばれる，そのまま気楽にすぐ飲める缶酎ハイなどの飲料が躍進していて，サントリー「ストロングゼロ」に代表されるような，高アルコールの飲料が若者のあいだでも一定の支持を得ているといわれている。これは「街飲み」でなく，もっぱら「家飲み（宅飲み）」を中心とした飲酒様式を前提としている。いかに安く簡単に酔うことができるかを追求した飲料であり，甘くジュースのようであるためぐいぐい飲むことができ，その割に高アルコールであるためすぐに酔っぱらえるわけである。家飲みの比率が高まっているということは，それだけ節約志向の人や金銭的に余裕がなくなっている人が多くなっていることを示している。ちょっとでも店で飲むと高くつくので，自宅のような私的空間，あるいは電車内や公園のような公共空間（公的空間）において飲む傾向がみられる。最近では，キャンプなどで使う携帯用の椅子を公園などの公共空間に置いて周囲の景色を眺めながらゆっくりと飲食を楽しむ，「チェアリング」とよばれるスタイルも提唱されている。

　このように全体として，国内のアルコール飲料の生産量と消費量が落ち市場規模が縮小するなかでも，さまざまな社会的・経済的あるいは経済的・文化的といってもいい動きが起こっている。生活文化としての飲酒様式に関してもう少しだけ補足しておきたい。昨今の時事問題からも飲酒に関するさまざまなテーマをみつけていくことが可能だからである。

　ちょうどこの原稿を執筆している最中（2020 年 5 月），新型コロナウイルス感染症（COVID-19）の拡大防止のための休業要請・指示や外出自粛要請が酒類提供を主目的にした店舗の経営を直撃している。個人経営の店舗はもちろん，小資本の店舗では経営側にとっても労働者側にとっても死活問題となっていて，いわゆる 3 密（厚生労働省の定義では，①換気の悪い密閉空間，②多数が集まる密集場所，③間近で会話や発声をする密接場面）の施設として，ナイトクラブや「接待」をともなうスナック，キャバクラなどの店舗は営業休止状態になっているところも多くある。飲酒の場をめぐって，公衆衛生上の要請と営業・行動の自由のせめぎあいが展開されている。

　他方で，オンラインでおしゃべりしながらちょっと一杯という，いわゆるオンライン飲み会が脚光を浴びるようになっている。あるいは，自宅のベランダでキャンプ気分を味わいながらのんびり一杯やる，「グランピング」ならぬ「ベランピング」

なども話題になっている。ネット上では飲酒をテーマにしたさまざまま動画がたくさんアップされるようになっているし，これらのスタイルも一時のブームでは終わらず新しい飲酒様式として定着していくようにもみえる。

さらに，コロナウイルスの除去に高濃度アルコールのスピリッツが使えるのではないかと考えられ，買い占めが起こっているとの報道があった。それを受けて実際に，各地の醸造メーカーが高濃度アルコールの増産に乗り出している。手指消毒液のアルコール濃度に近い約 60 〜 80％にあわせているので，ウイルス除去が期待できるものになっているようだ。酒税法の縛りがあるため飲料として発売するか消毒液として販売するか選択の余地があるようだが，後者の場合でも希釈して飲んでしまう人がいるかもしれない。ただ，そこまでして飲んでしまう人たちのなかには深刻な飲酒問題を抱えている人たちがいることは確かであろう。これまでも指摘されてきたことだが，厄災などで日常生活が不安定になったとき，社会的孤立の問題が表面化しやすく，自宅に閉じこもって飲酒量が増えてしまう人びとが一程度いる。こうした観点からみれば，厚生労働省が提示している「節度ある適度な飲酒」の基準（男性の場合，1 日あたり純アルコール 20g 以内）の 3 倍を超える多量飲酒（ビンジ・ドリンキング）のような飲酒様式は，オンラインとオフラインの違いを問わず，健康・医療の問題を扱う健康の地理学の領域とも深くつながっている。

5　新たなレシピの創作に向けて

飲酒に関係する社会・文化地理学的な研究テーマをみてきた。他にもさまざまなテーマが考えられるであろう。本章では割愛したが，海外に目を向ければ諸外国の地域事情に応じた調査テーマをいくらでもみつけることができるだろう。異なる地域を比較して共通課題を見いだす系統地理学的視点を磨くことにもつながる。

とはいえ，まず地理学を学ぶ人たちにとって重要なのは，身近な地域の日常生活に溶け込んでいる飲酒の空間に目を向けることであろう。いつどんな場所でどのような酒がどれだけ飲まれているのか。その酒はどこでどうやってつくられ，そこまで運ばれてきたのか。特定の店舗で働いている人たちはどんな人たちで，どういった人びとがそこで飲んでいるのか。そうした小さな問いかけから，さまざまなことに考察を広げていくことができるのである。

若年層・若者という世代にとっての飲酒ということを考えてみるのも有効であろう。学生生活のなかでも新歓飲み会や実習先での懇親会，研究発表会や卒論発表

会後の打ち上げ等々，飲酒の場，宴席が設けられることがある。部活やサークルでの飲み会に参加する人もいるであろう。最近の若者は酒を飲まなくなったなどと言われる。さまざまな理由でまったく飲まないという人もいるであろう。それとは逆に，飲酒が習慣化している人たちもいて，一部の人たちはかつて以上に多量飲酒することもあり，健康の地理学が扱う領域だけではなく，違反・事故あるいは逸脱・非行・犯罪などの問題群とも密接にかかわっている。あるいは，飲酒の場を提供する店舗が学生にとって主要なアルバイト先の一つでもあることから，労働の地理学とも直結する空間としてとらえることもできるであろうし，前節で述べた飲酒様式の違いは，可処分所得の違いによる経済的格差の広がりや生活様式を通じた階層の分極化を反映している現象として考察を深めることもできる。

　どのようなテーマにせよ，研究調査であるからには，何を対象としどういった方法でとらえていけばよいのか，調査者がよく考えなくてはならない。統計分析，アンケート調査，参与観察など，手法の特徴をよく見極めて，それぞれをうまく組みあわせていくことが必要である。飲酒の空間を考えるときも同じである。とくにフィールドワークの際には，現場の人たちとうまく折りあいをつけていくために，理解を得る熱意や情熱はもちろん，方法論や研究倫理に関する知識も求められる。

　人びとはなぜ酒を飲みたいと思うのだろうか。ある時代にある場所で酒を飲む／飲まないということはどういうことなのだろうか。「酒は世につれ，世は酒につれ」と言ってもよいくらい，飲酒は世情を反映する日常生活の実践といえる。人によっては取るに足りないものであっても，ある人にとってはかけがえのないものとなっている，そうした自明視された空間や場所を深く掘り下げていくことも，地理学の大切な仕事である。とくに社会・文化地理学は，日常生活のさまざまな出来事と既存の研究テーマとの新たな組み合わせを考え出す手腕が試される分野である。これを読んだ人たちのなかから興味深い新たなレシピが生まれてくることを期待したい。

■引用文献

阿部亮吾 2011. 『エスニシティの地理学——移民エスニック空間を問う』古今書院.
飯塚　遼・太田　慧・池田真利子・小池拓矢・磯野　巧・杉本興運 2018. 東京大都市圏におけるクラフトビールイベントの展開と若者観光. 地理空間 10(3)：140-148.
石原　肇 2017. 滋賀県におけるバルイベントの地域的特性. 日本都市学会年報 50：241-250.

加藤政洋 2020.『酒場の京都学』ミネルヴァ書房.

ジェイン，M.・バレンタイン，G.・ホロウェイ，S. L. 著，杉山和明・二村太郎・荒又美陽・成瀬　厚訳 2019.『アルコールと酔っぱらいの地理学——秩序ある／なき空間を読み解く』明石書店. Jayne, M., Valentine, G. and Holloway, S. L. 2011. *Alcohol, Drinking, Drunkenness: (Dis)Orderly Spaces*. Farnham: Ashgate.

杉山和明 2007. 参与観察の実践——「若者の地理」へのアプローチ. 梶田　真・加藤政洋・仁平尊明『地域調査ことはじめ——あるく・みる・かく』ナカニシヤ出版.

須崎成二 2019. 新宿二丁目におけるゲイ・ディストリクトの空間的特徴と存続条件. 都市地理学 14：16–27.

中村周作 2014.『酒と肴の文化地理——大分の地域食をめぐる旅』原書房.

中村周作 2020. 食中酒としての清酒，焼酎嗜好の地域的展開（特集：飲食文化の地理学）. 地理 779：12–19.

Futamura, T., and Sugiyama, K. 2018. The dark side of the nightscape: The growth of izakaya chains and the changing landscapes of evening eateries in Japanese cities. *Food, Culture & Society* 21(1)：101–117.

■こんな文献もあります
神谷浩夫（中澤高志編集協力）2018.『ベーシック都市社会地理学』ナカニシヤ出版.
谷口功一・スナック研究会編 2017.『日本の夜の公共圏——スナック研究序説』白水社.
中村芳平 2018.『居酒屋チェーン戦国史』イースト・プレス.
橋本健二 2015.『居酒屋の戦後史』祥伝社.
三橋順子 2018.『新宿「性なる街」の歴史地理』朝日新聞出版.

第1部

第2部

第3部

24　大型ショッピングセンターは
どこにあるのかを調べる

【元になった論文】
伊藤健司 2013a. 大型ショッピングセンターの立地多様化と出店用地. 土屋　純・兼
　子　純編『小商圏時代の流通システム』195-213. 古今書院.
伊藤健司 2013b. 商業立地の刷新と中心市街地の衰退問題. 松原　宏編『現代の立地
　論』128-138. 古今書院.

伊藤健司（名城大学）

1　巨大な消費空間としてのモール型ショッピングセンター

　この30年ほどの間の買い物場所の大きな変化として，モール型ショッピングセンターの発展がある。「郊外型ショッピングセンター」とか「郊外型モール」ともよばれる大型商業施設である。その多くは，総合スーパーや大型専門店を核店舗として，100店を超えるような専門店や，フードコート，レストランがある。行政の窓口，学習施設，保育施設，医療施設やコンビニがあることもある。シネマコンプレックスが併設されていることもある。数千人を超える人が買い物に来て，千人を超える人が働く。もはやこれは一つの街ではないか。

　「郊外型ショッピングセンター」とか「郊外型モール」といわれるけれど，本当に「郊外」にあるのだろうかと疑問に思った。「農村地域に巨大なショッピングセンターができました」というニュースを聞くこともあるけれど，本当に農村なのだろうかとも思った。そこで，東海地方を対象として，ショッピングセンターがどこにできたのか，ショッピングセンターができる前は何があったのかを調べた。

　以下に，資料の収集や図表作成などの際に考えたことを記したい。

2　対象とする「大型商業施設」

　分析するにあたり，大規模小売店舗のうち，店舗面積2万㎡以上の店舗を「大型商業施設」として対象とした。大規模小売店舗立地法（大店立地法）の対象となる大規模小売店舗にも，店舗面積1,000㎡ほどの食品スーパーやドラッグストアから10万㎡を超える大型ショッピングセンターまである。そのため，「小規模な大型店」

ではなく「大規模な大型店」を対象とした。そして「大型商業施設」として扱う店舗面積の基準を2万㎡以上とした。東海地方の大規模小売店舗を，店舗面積が大きい順に並べてその内容をみて考えた。店舗面積が2万㎡を超える規模になると，単独の総合スーパーとか単独の大型専門店という店舗はほとんどなく，多くが百貨店か複合化した大型ショッピングセンターとなる。飲食施設もあり，単に目的の買い物をするだけではなく，半日から1日を過ごすことができるであろうと考えた。

　もちろん，店舗面積を基準としたので，いわゆる（モール型）ショッピングセンター以外の店舗も結果的にいくつか含まれることになった。百貨店，巨大なホームセンター，アウトレットモールなどである。これらも，単に目的の買い物をする以上の空間と考えて，店舗面積による基準を優先した。そのため，ショッピングセンターを主な対象として念頭に置きつつも，「大型商業施設」という表記にしている。実際に買い物をする消費者の立場から考えると，半日以上を過ごす店舗の感覚に近いのではないかと思う。

3　以前の土地利用を調べる

　対象とした大型商業施設について，どこにあるのか，以前はどのような土地利用であったのかをまとめたのが図24-1である。ここに至る前段階の分析としては，大型商業施設の出店用地の種類を分類し，出店時期による大型商業施設の構成要素の変化を把握した。また，立地点が2005年のDID（人口集中地区，Densely Inhabited District）の内か外かによって，出店前の土地利用にどのような違いがあったかを集計した。

　図24-1をみると，縮尺の都合があるので厳密にはみえないところもあるが，大型商業施設の多くが，市街地（DID）内部かそのすぐ近くに立地していることがわかる。市街地から大きく離れた店舗は多くない。それぞれの大型商業施設が，「百貨店」（9店），「総合スーパーを有する大型商業施設」（56店），「百貨店と総合スーパーを有する大型商業施設」（1店），「その他」（17店）のどれに相当するかは，この図には組み込めておらず，元の論文中では二つ前の図である「図12-2 大型商業施設の種類と立地（2010年）」をみてもらう必要がある。

　1990年代以降に開店した大型商業施設について，出店用地が何であったのかをそれぞれ調べた。1990年代以降としたのは，モール型ショッピングセンターが1990年代以降に多く出店されたからである。区分を「工場・鉄道用地」，「農地・

188

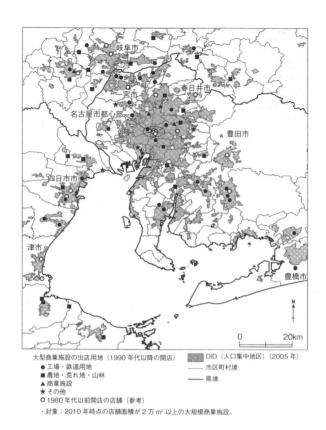

大型商業施設の出店用地（1990年代以降の開店）
● 工場・鉄道用地
■ 農地・荒れ地・山林
▲ 商業施設
★ その他
○ 1980年代以前開店の店舗（参考）
・対象：2010年時点の店舗面積が2万㎡以上の大規模商業施設。

DID（人口集中地区）（2005年）
―― 市区町村境
―― 県境

図24-1　1990年代以降開店の大型商業施設の出店用地 （伊藤（2013a）を一部改変）
東洋経済新報社「大型小売店ポイントデータ2011年版（中京圏）」，地形図，空中写真などにより作成。
地図データは©ESRI Japanによる。

荒れ地・山林」，「商業施設」，「その他」とした。鉄道用地は，操車場跡地や駅ビル
の建て替えがあるが少数であり，産業用地として考え工場跡地と同じグループにし
た。「農地・荒れ地・山林」は，第一次産業的な土地利用として一つのグループにし
た。「商業施設」は，商業ビルの再開発であったり閉鎖店舗跡への居抜き出店であっ
たりする。
　地形図と空中写真である程度のことはわかった。次の段階として，工場がどのよ
うな業種の工場であったかについて，新聞検索や住宅地図で確認した。2010年頃に
は新聞各紙の検索ができるようになってきており，また，大型商業施設の開店は，

地域にとって注目される出来事ということで開設の経緯が書かれていることもあり，多くの店舗についてたどることができた。ただ，それではわからない店舗もあり，大学や現地の図書館で古い住宅地図を探した。この地域のかつての中心的な産業であった繊維工場の跡地が多かった。

　この図をどのように解釈するか。工場跡地への出店が多いということは何を意味しているか。それは産業の移り変わりの一面を示しているとともに，小売企業が必ずしも自由に出店したいところに出店できているわけではないということを意味しているのではないかと思う。人口が多くても（＝大きな需要があっても），一面が住宅地として開発が進んだ地域には，出店用地がない。

4　背景としてのもう一つのアプローチ

　ここまでみてきた「大型ショッピングセンターの立地多様化と出店用地」（伊藤2013a）は，現在から過去に遡った。この「大型ショッピングセンターの立地多様化と出店用地」の背景には，ほぼ同じ時期に発行されたもう一つの話がある。『現代の立地論』（松原宏編，古今書院）に収録された「商業立地の刷新と中心市街地の衰退問題」（伊藤2013b）である。こちらの焦点の一つは，現代の商業立地に大きな影響を与えているのは大手小売企業であり，その出店過程をみる必要があるということであった。

　表24-1は，東海3県に多くの総合スーパーを展開してきたユニーとイオンについて，日本でスーパーが発展するようになった1960年代以前から半世紀の間の出店地域の変化を示している。

　時代（時間）と地域（空間）を，どのように区分すると適切に表現できるかを考えた。

　時間の区分は，10年ごととした。大型店の出店には，いろいろな要素が関連する。政府による法的な規制の影響も大きい。1974年の大規模小売店舗法（大店法）の施行，1978年の改正大店法の施行，1990年代の大店法運用緩和，1990年代末から2000年にかけての大規模小売店舗立地法（大店立地法）の施行と大店法の廃止というところが大きな変化であった。ただし，大型店の出店には，計画から開店まで数年から十数年かかることもあるので，時期をまたいでいる場合も多い。加えて，都市計画法も何回かにわたって改正されてきた。とくに2007年の改正では，大規模集客施設の郊外立地が大きく制限されることになった。この他，2000年には中心

表24-1　東海地方におけるユニー，イオンの総合スーパーの出店地域の時代変化
（伊藤（2013b）より作成）

		1960年代以前	1970年代	1980年代	1990年代	2000年代
大都市（名古屋市）	駅前	○◐	○◐		■	○○
	旧市街地	○○○○○ ○	○○○○○ ○		■■■■◇ ◇	■■■◇
	郊外	○	○	○	■○	■◇○○
中小都市	駅前	○○○○○ ○○○○○ ○	○○○○○ ○○○○○ ○○○○○ ○○○○	○○○○○	■■○	■◇××× ◇◇
	旧市街地	○○	○○○○	○○	■■■■■■	■■■◇
	郊外		○○○○○ ○○○○ ○○○○○	○○○○○	■■■■◇ ○○○○○ ○○○○○ ○○○○	◇◇◇◇ ○○○○○ ○○○○○ ○○○○
町村部	駅前					○
	旧市街地				■	
	郊外		○○○	○○○○	■■■◇○ ○○	■■■■◇ ○○○○

対象地域：愛知県，岐阜県，三重県
○は新規出店1店を示している。ただし，■は1990年代以降，工場跡地等に出店された店舗，◇は，建て替え，居抜き出店された店舗を示している。
＝：1990年代以降閉店された店舗。ただし，同じ場所で建て替えられた店舗もある。
1) それぞれの企業（企業グループ）の総合スーパー業態に該当する店舗について示した。ユニーは，2009年に食料品スーパーや小型総合スーパーを展開してきた子会社のユーストアを吸収合併したが，ユーストア出店分は含まれていない。イオン（旧ジャスコ）は直営店を対象とし，純粋持株会社化後についてはイオンリテールによる店舗を対象としている。両社とも1990年以前の店舗は1990年時点で存在していた店舗のみ記載している。1960年代と1970年代の店舗については，それぞれ合併してユニー，旧ジャスコ（イオン）になる以前からの店舗も含まれる。
2) 駅前は，JR東海（または国鉄），名鉄，近鉄の駅から300m以内。
3) 旧市街地＝1960年人口集中地区（DID）内。ただし，2) の駅前に該当する店舗は除く。駅前の店舗のなかには1960年のDID外の店舗も少数ある。
4) 中小都市と町村部は，2000年時点のそれぞれ市と町村。
出典：東洋経済新報社『全国大型小売店総覧』，各社ニュースリリース，決算参考資料等より作成。

市街地活性化法が施行され，その後改定されたりもしている。間接的にみると，交通機関をはじめとする移動手段の変化，住宅地開発の進展なども影響している。
　そして，企業もまた合併したり，グループ内での再編をしたりして変化してきている。
　これらの要素をすべて考慮して時期区分をするのは難しい。また，細分化されすぎてしまう。こうしたことから，単純ともいえるが物理的におよそ10年ごとの区

分とした。

　地域の区分もなかなか難しい。「大都市」,「中小都市」,「町村部」とはいっても,この数十年の間に,大都市の名古屋市でも,周辺市町村と合併しながら大きくなった。中小都市は,これも合併を繰り返してきているし,町から市制施行したところもある。2010年代前半の時点では,市町村合併が進んで,町村部は以前と比べると少なくなっていた。市街地かどうかも分けたが,この数十年間に市街地も次第に拡大してきた。もちろん,こうした変化をすべて織り込んで表を作成することが厳密には必要かもしれない。しかし,大きな変化はみえにくくなってしまうと考えた。

　そこで,古くからの市街地「旧市街地」とそれ以外の「郊外」は,1960年(昭和35年)を基準とした。この場合の「郊外」には,比較的新しい住宅地も含まれるし,農村的土地利用の地域も含まれることになる。この年(1960年)の国勢調査ではじめて人口集中地区(DID)が設定された。同年の時点における人口集中地区の区分は,郊外での住宅開発がまだあまり進む前で,古くからの市街地と,それ以降に住宅開発が進んだ郊外や農村的地域との区分に適切と考えた。「中小都市」と「町村部」は2000年を基準とした。平成の大合併が大きく進む前の,変化がまだ少なかった時期とした。

　この表の注に文字がたくさん書かれているのは,このように設定した基準を示しておくためである。

　各チェーンの出店した店舗と閉鎖した店舗については,おおよそ2000年以降くらいからは,各社のウェブサイトにニュースリリースが掲載されるようになり,その都度,把握できるようになった。それ以前は,各社の有価証券報告書に掲載される設備・店舗の状況についてのページをたどった。有価証券報告書は,上場企業が毎期提出するもので,大規模な図書館には,かつては2,000社を超える全上場企業分が収集されていることが多かった。だいたい書庫の奥の方に大きな場所を占めていた。現在では,企業のホームページのIR資料のところにも掲載されている。

　結果をみると,10年ごとに大きな変化があった。もちろん,これは小売企業の出店戦略の結果である。それは,人口分布や就業場所の変化,通勤通学・買い物などの移動手段の変化などに対応した結果であろう。そしてまた,小売企業にとっては思うようには出店できなかったことの現れであるように思われる。大型店の出店規制であったり,出店用地であったり,その時その時の環境のなかで出店地域や閉鎖店舗を選択してきた結果であろう。

　表中には,閉鎖店舗は二重取り消し線で示してある。また,1990年代以降の列

について，工場跡地への出店を■で，建て替えや居抜きによる出店を◇で示してある。ある時点での土地利用は永久的なものではなく，数十年単位でみると大きな変化がある。

　そして，これらの二つの話をつないでいるものの一つが工場（工業）であり，全体としては地域の変化というなかに包まれている。古くからの市街地の中心に大型店が出店し，市街地外縁部には工場が立地していた。時代が進むなかで，市街地は拡大し道路環境も交通手段も変化した。今では，住宅に囲まれた工場が移転・閉鎖された跡地や現在の市街地外縁部の農地にショッピングセンターができ，中心商業地区にあった総合スーパーは閉店するか小規模化される。多くの地域で，このような変化が起きてきたのではないかと考えている。

　資料収集からの分類，集計をしての作図・作表，そして記述は，全体としては，工夫と妥協の産物といえるかもしれない。考察の部分は，時間の経過とともに，それが適切であったかどうか評価されることになる。一方，データの部分，図表の作成方法は，それとはまた別の価値があるのではないかと考えている。

25 住宅地図で「コンビニ」を調べる

【元になった論文】
山元貴継・塩谷香帆・鈴木健斗・蓑　豪輝・山田篤志・山田真誓 2018. 2006-17年
　の名古屋市におけるコンビニエンスストアの店舗再編. 日本地理学会発表要旨集
　93：325.

山元貴継（琉球大学）

1 コンビニエンス・ストアの再編

　近所にあったはずのお気に入りのコンビニエンス・ストアの店舗が閉店している，あるいは別のチェーン店に変わっているといった経験は，皆さんにもあるだろう。コンビニエンス・ストアは，もはやその店舗数が全国で5万5千店以上ともいわれ，店舗どうしでのお客さんの奪い合い「競合」が目立つようになっている。ただし，実は多くのコンビニエンス・ストアは，同一チェーンの店舗どうしで配送ネットワーク

図 25-1　チェーンの再編で看板をかけかえた
コンビニエンスストアの店舗
（左：2018年5月20日 右：2018年7月18日撮影）

を共有し，たとえば同じトラックがルート上の複数店舗に商品を配送するといった「ルート配送」を行なっている（土屋 2000）。近接して立地した同一チェーンの複数店舗どうしは，必ずしも「競合」相手とは限らず，効率よく商品を確保しあっている関係かもしれない。さらに，特定地域により多くの店舗を集中的に出店させたチェーンは，配送効率の向上に加えて，その地域のコンビニエンス・ストアとしてイメージされやすくなり，別チェーンによる店舗出店を難しくさせる。こうした集中立地の考え方は「ドミナント戦略」とよばれ，コンビニエンス・ストアに限らず，さまざまな分野でとられている。そのなかで，競合していた別チェーンとの提携や

合併といった業界再編によって，さらなるコストの削減や，特定の地域での圧倒的なシェアの確保を目指す動きが進んでいる。

　そうしたコンビニエンス・ストアの動きについての分析の一例として，ここでは，名古屋大都市圏を基盤として発展してきたコンビニエンス・チェーンの名古屋市内における店舗再編過程を明らかにした報告（山元ほか 2018）をもとに，そのアプローチを紹介する。

2 店舗立地の記録としての住宅地図

　ここで活用したいのが，いわゆる「住宅地図」である。全国のコンビニエンス・ストアの所在地やそこまでの経路をインターネット上の情報をもとにたちどころに検索できる今なぜ，と思われるかもしれないが，インターネット上の情報の強みはあくまで「最新とされるデータ」である。それらの情報には逆に，「今とあるコンビニエンス・ストアがあるところには，2006 年当時何があったのだろう？」といった，過去の，かつ特定年の時点での状況を明らかにするのは難しいという限界がある。一方で，各年に刊行された「住宅地図」からは，大縮尺の地図上に描かれたそれぞれの建物について，調査員によって調査された，個人宅であれば居住世帯主名など，商店であれば店舗名を確認できる。さらに「住宅地図」は，多くの都市で約 2 年おきに更新されているので，図書館などに所蔵されているお目当ての時期の「住宅地図」を受付などで請求して閲覧すると，過去の状況も把握できる。ただし，第 13 章「韓国の街を調べる」で紹介したように，「住宅地図」の複写には制約が多く，

図 25-2　「コンビニエンス・ストア」データベースの例

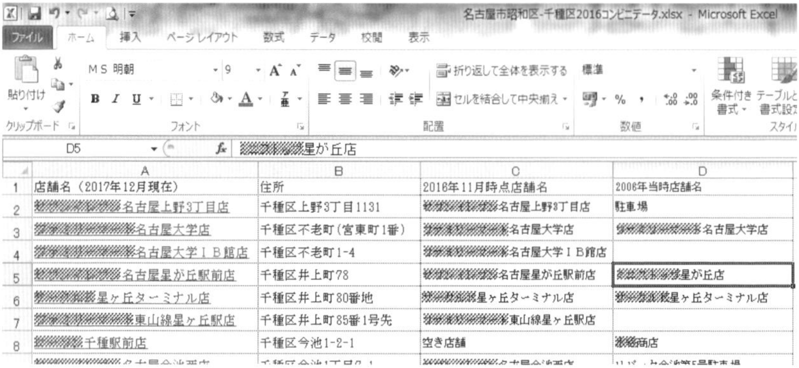

また，コンビニエンス・ストアの変化を追うためだけに複数年分の「住宅地図」をコピーする必要はないだろう。まずはインターネット上の電話帳や各チェーンのホームページを活用して，あらかじめ現在の店舗およびその住所の一覧表（図25-2）をつくって図書館などに持参し，それをもとに過去の住宅地図のその住所の一帯を確認して，そこに以前は何が存在したのかを書き込んでいった方が，意外に効率的である。

　そして，あえて「住宅地図」で確認することのメリットが，コンビニエンス・ストアの店舗ならではの複雑な変化を追うことができることである。インターネット上ではある日突然，それまであったはずの店舗が検索できなくなったりすることがある（インターネットの情報は日々書き換えられていくので，研究においては，情報を確認したらその記録を手元にも残しておくことと，そのサイトの「閲覧日」もメモしておくことが大切である）。たとえばコンビニエンス・ストアでは，隣接

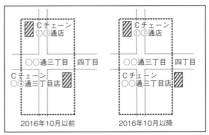

店舗維持（右側店舗のように建物が移動し住所が変わる場合も）

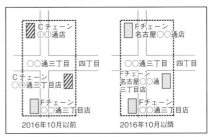

店舗転換（転換店舗名には広域地名を冠されることが多い）

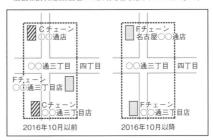

店舗整理（既存店舗が整理店舗名を引き継ぐことも）

図 25-3　C チェーン店舗の変化類型

する敷地に新店舗を建てるなどして，店舗およびその店名は維持されていても，その住所が変わってしまっていることがある（図25-3上）。さらに，今回注目するような再編を経験しているコンビニエンス・ストアでは，建物はそのままで改装して別のチェーンの店舗となる「居抜き」もある。その場合，前のチェーンの店舗としては閉店したことでインターネット上では消えていくが，同じ場所で別チェーンの店舗として開店している可能性がある（図25-3中）。そこでは紛らわしいことに，この再編のさなかに閉店した別の店舗の店名を，残った店舗が引き継ぐ例もある

（図 25-3 下）。「住宅地図」での確認が本領を発揮するときである。

3 コンビニエンス・ストアをめぐる空間的分析

　さて，こうして確認したさまざまな変化パターンの店舗一覧とその住所とを組み
あわせた住所データ（図 25-2）を活用して，その空間的傾向をみてみよう。「住宅地
図」を確認している時点ですでにその傾向が大まかに把握できているかもしれない
が，それらの住所データを Microsoft Excel などによる表データにしておくと，サ
イト「Yahoo! マップ API を使ったジオコーディングと地図化」などを活用して，

図 25-4　C チェーンを中心とした名古屋市内のコンビニエンス・ストア店舗の変化（2016 ～ 2018 年）

たちどころに分布図化することもできる（図 25-4）。Cチェーンを中心とした変化を示したその分布図によると，2018 年 2 月末日の時点で，名古屋市内においてはすでに多くのCチェーンの店舗が合併先のFチェーンの店舗に転換されるなかで，同市内でも千種区・瑞穂区や，中川区の広い範囲で，依然としてCチェーンとしての営業を続けている店舗が多くみられていた。これらの区や範囲はもともとFチェーンが多かった（表 25-1）一方で，Cチェーンにとってはあまり店舗が多くない「空白地域」であった一帯であったが，そこに残っていた店舗は，2018 年 2 月末日の時点では依然として，まとめてCチェーンとしての営業を続けていた形となる。

　さらに，先ほどの分布図（図 25-4）を拡大してみてみると，交差点の近くといった一見すると利便性の高かった店舗の方が閉店したところも少なくないことがわかる。その背景としては，各チェーンへの契約期間が挙げられそうである。各店舗への電話などでの聞き取り調査から開店年を確認してみる（これも，何年に刊行された「住宅地図」まで載せられているかをたどっていくことで大まかに把握できる）と，この再編のさなかに，合併先であるはずのFチェーン以外の別のチェーンの店舗への転換を選んだCチェーン店舗が 5 店舗みられた。聞き取りを得られた母集団は少ないものの，そのすべての店舗が開店から 5 年以上経過していた。開店から 5 年間とされることが多い（Sチェーンは 10 年以上）チェーンとの専属契約期間が完了したのを待って，この機会にと新しいチェーンでの営業継続を模索したのかもしれない。逆に，CチェーンからFチェーンに転換した店舗は，開店から 5 年以内の店舗が比較的多く占め，Cチェーンとの契約期間を残しているなかでFチェーンへの転換に従った形になる。このように，アナログにみえる「住宅地図」には，紙

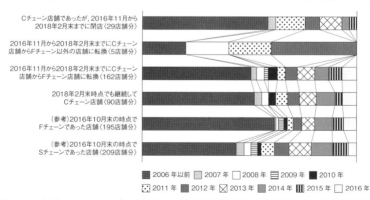

図 25-5　**各パターン別コンビニエンス・ストア店舗の開店年**（各店舗への聞き取り調査による）

表25-1　名古屋市内のコンビニエンス・ストアの店舗数変化（2016～2018年）

2016年 / 2018年	→S（-）	→S（S）	→S（C）	→S（F）	→S（他）	→C（-）	→C（C）	→C（Su）	→Su（Su）	→F（S）	→F（C）	→F（Su）	→F（F）	→F（L）	→L（-）	→L（S）	→L（C）	→L（L）	→M Co	→Co	→他（-）	→他（他）	→廃業（S）	→廃業（C）	→廃業（F）	→廃業（L）	→廃業（他）	新規店舗計	継続立地	居抜き的出店計	計
千種区	-	22	-	-	-	-	7	-	1	-	1	-	29	-	-	-	-	6	2	1	-	2	-	-	-	-	-	3	68	3	74
東区	1	20	-	-	-	-	5	-	-	-	10	-	7	-	-	-	-	12	1	-	-	5	-	2	-	-	-	2	50	10	65
北区	-	21	2	-	-	-	10	-	1	-	12	-	10	-	-	-	-	12	3	-	-	1	-	3	1	-	-	2	57	14	78
西区	-	24	-	-	-	-	7	-	-	-	14	1	15	-	-	-	-	8	-	-	1	3	-	-	-	-	-	3	45	30	79
中村区	1	34	-	-	-	-	9	-	1	-	21	-	26	-	-	-	1	27	10	-	-	2	2	-	2	-	-	2	108	22	137
中区	-	49	-	-	-	-	11	-	-	1	26	-	36	-	-	-	2	69	2	-	-	11	-	8	-	1	-	1	148	28	191
昭和区	3	17	-	-	-	-	7	-	-	-	2	-	17	1	-	-	1	15	3	-	-	1	-	-	-	-	-	3	57	4	64
瑞穂区	1	10	-	-	-	-	5	2	-	-	9	-	12	1	1	-	-	8	-	-	-	1	-	2	-	-	-	4	36	3	44
熱田区	1	8	-	1	-	1	14	-	-	-	18	-	10	-	1	-	-	6	2	-	-	-	-	-	2	-	-	2	29	10	44
中川区	1	24	2	-	-	-	7	-	-	-	21	1	14	1	-	1	-	12	7	-	-	2	-	4	3	-	-	3	69	23	102
港区	1	24	-	-	-	-	8	-	-	-	15	1	13	1	-	1	-	8	5	-	-	1	-	2	2	-	-	4	58	24	93
南区	-	18	-	-	-	-	3	-	3	-	11	-	11	-	-	1	-	8	-	-	-	2	-	2	2	-	-	3	43	48	66
守山区	-	13	-	-	-	-	8	-	-	-	14	-	11	-	-	-	-	7	5	-	-	-	-	2	-	-	-	1	44	11	61
緑区	2	22	-	-	-	-	4	-	1	-	7	-	19	-	-	2	-	10	5	-	-	2	-	3	1	1	-	4	28	49	85
名東区	1	26	-	-	-	-	6	-	-	-	9	-	14	-	-	-	-	10	4	-	-	-	-	2	1	-	-	3	60	9	75
天白区	2	22	-	-	-	-	4	-	1	-	9	-	13	-	-	1	-	10	1	-	-	-	-	2	1	-	-	6	40	20	68
2018年2月末日基準店舗数	14	354	4	1	-	2	108	2	4	13	190	4	258	1	13	2	4	198	53	1	5	31	6	34	13	6	2	47	1006	271	1324
同月基準各チェーン店舗数計	374					112			4	406					217				53	1	37		-								

媒体ならではの,「特定の時点での情報」を確認できるという利点がある。

■引用文献
土屋　純 2000. コンビニエンス・チェーンの発展と全国的普及過程に関する一考察. 経済
　　地理学年報 46(2):22–42.
「Yahoo! マップAPI を使ったジオコーディングと地図化」〈http://ktgis.net/gcode/
　　geocoding.html（最終閲覧日:2021 年 7 月 30 日）〉

■こんな文献もあります
内田宗治 2014.『ゼンリン──住宅地図と最新ネット地図の秘密』実業之日本社.
宮内久光 2018. 沖縄県離島におけるコンビニエンスストアの立地展開とチェーン間競合.
　　平岡昭利監修『離島研究Ⅵ』海青社.

第1部

第2部

第3部

26 GISデータをつくる・公開する

【元になった論文】
谷 謙二 2009. 時系列地形図閲覧ソフト『今昔マップ2』(首都圏編・中京圏編・京阪神圏編)の開発. GIS-理論と応用 17(2):1-10.
谷 謙二 2017. 今昔マップ旧版地形図タイル画像配信・閲覧サービスの開発. GIS-理論と応用 25(1):1-10.

谷 謙二

1 GISの研究

さまざまな地表事象の分布を扱う地理学では,表現方法として地図が重視されてきた。大学の地理学研究室では,1990年代まではロットリング・ペンなど手作業で地図や主題図がつくられていた。1990年代後半になると,GIS(地理情報システム Geographical Information System)が普及しはじめ,現在では,GISで地図を作成することが一般化し,GISに関するスキルの習得が大学の地理学の「売り」の一つとなっている。2022年度から高校の必履修科目となる「地理総合」においても,GISの利用が前面に出されている。GISの普及の結果,GISを使って地図を作成したり,分析したりする研究が地理学において数多く輩出された。一方,GIS自体に関する研究にはどのようなものがあるだろうか。

GISとは,コンピュータを使って地理情報を処理するシステムである。さらに,単なるコンピュータのシステムというだけでなく,地理情報を研究する「地理情報科学」Geographical Information Science でもある(浅見ほか2015)。そこでは,GISに関する地理的概念とその利用,個人や社会に与える影響,地理学,地図学,測地学の既存の学問分野の基礎的テーマとの関係などが研究対象となる。より具体的には,地理情報システムが用いる実世界のモデル化の手法,地理情報に関するデータの取得・作成・管理,空間分析手法,地図化,地図の認知,GISがもたらす教育・社会への影響などが挙げられる。

ここでは,とくにGISデータの作成・公開について取り上げたい。GISデータにはさまざまな種類があり,1970年代から続く「国土数値情報」や,国勢調査の小地域統計など既存のデータも多数にのぼる。しかし,まだまだ公開されていないデー

タも多く，とくに過去の地理情報に関するデータは少ない。たとえば，住所で検索してその地点の緯度と経度に変換する「ジオコーディング」という GIS の機能は，地図を表示するために不可欠である。しかし，過去の住所では検索してもジオコーディングできない。そうした場合に，自身で過去の住所と緯度・経度情報を組みあわせたデータベースを構築すれば，新たな研究といえる。「こんなデータやサービスがあればいいのに」と思ったら，自身でデータを作成・開発すれば，それ自体が研究として成立しうる。実際，明治 40 年の東京については「近代東京ジオコーディングシステム」（http://www.bokutachi.org/geocoding/）が構築されている（石川・中山 2017）。

　過去の地理情報として有用なものとしては，明治以来作成・更新が続けられてきた地形図が挙げられる。国土地理院が管理する過去の地図は旧版地図とよばれ，謄本交付申請を行うことで紙に印刷された旧版地形図を入手できる。旧版地形図は，地理学をはじめとしたさまざまな学問分野や，防災などの実践的な利用に役立つにもかかわらず，インターネット上での公開は進んでいない。ここでは，筆者が作成・公開している，新旧の地形図を Web ブラウザ上で閲覧する「時系列地形図閲覧サイト「今昔マップ on the web」」の開発に関する谷（2017），また，その前の谷（2009）を使って，データの作成・公開について解説したい。谷（2009）は，2005年から開発をはじめた Windows 版ソフトウェア「今昔マップ」「今昔マップ 2」に関する内容である。

2　地形図画像データの作成

　GIS のデータにもさまざまな種類があり，住所のように文字で示すデータや，DEM（デジタル数値標高モデル）のように数値で示すデータがある。また，それらをデジタルファイルに保存する方法も，テキストファイルやバイナリファイルなどさまざまで，いくつかの既存のフォーマット（シェープファイル，KML ファイル，geoTiff など）から選択する。旧版地形図の場合は，テキストデータや数値データではなく，図面自体をスキャンして画像データとして保存する。紹介する「今昔マップ on the web」での，地形図の入手から Web サーバーへのアップロードまでの手順は図 26-1 のようになる。

　まず必要となるのが，作成したい範囲の旧版地形図であり，手元にない場合は国土地理院に謄本交付申請を行い，印刷された紙地図を入手する。現在は国土地理院

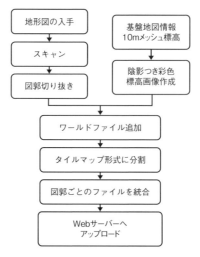

図 26-1　地図タイルの作成手順（谷 2017）

の地形図図歴検索サービス（https://mapps.gsi.go.jp/history.html）で図歴を調べることができる。粗いながらも地図画像を見ながら謄本交付申請書を作成できるので便利である。申請書を所定の手数料（白黒なら 1 枚 500 円）分の収入印紙とともに国土地理院に郵送すると，比較的短期間で地形図の謄本（コピー）が送られてくる（直接出向いてもよい）。なお，国土地理院が所蔵していない旧版地形図も存在し，国会図書館や各地の図書館，古書店等でみつかることがある。

　次に必要なものは，地形図を読みとるためのスキャナである。地形図を 1 回でスキャンするには，A2 サイズのスキャナが必要で，研究室にあればよいが，ない場合は A3 版のスキャナで 2 回に分けてスキャンし，Photoshop 等の画像処理ソフトで結合する。スキャンした画像ファイルは画質の劣化のない可逆圧縮の tiff や png 形式で保存するとよい。

　図面をスキャンし，画像ファイルにすれば，既にインターネットで公開可能なデータといえる。実際，東北大学附属図書館／理学部地理学教室の「外邦図デジタルアーカイブ」（http://chiri.es.tohoku.ac.jp/~gaihozu/）やスタンフォード大学の公開している日本の旧版地形図・外邦図サイト（https://stanford.maps.arcgis.com/home/index.html）では，スキャンした地形図をそのまま表示している。地形図には，図郭の外側にも地図記号や発行年等の情報が記載されており，図面全体を表示すれば，そうした情報も示すことができる。一方で，地形図を 1 枚ずつ閲覧す

るのではなく，隣接する地形図とシームレスにつなげて見たいという需要も大きいであろう。

3　地形図をシームレスにつなげる

　複数の地形図をシームレスに接続するには，まず地形図画像から図郭内部をトリミングする。しかし，一つの図郭が一つの画像ファイルとなると，複数の図郭をまたぐ場合に大容量の画像ファイルを複数読み込まなければならない。これはとくに，インターネット上の画像を読み込む際に処理が困難となる。

　2000年代はじめには，既にインターネットを通じて地図を取得する方法としてWMS（Web Map Service）という仕様が存在した。必要な地図の範囲と描画要素をサーバーに要求すると，その範囲の画像がサーバー上のWeb GISで生成され，クライアントに返されるというものである。しかし，この方法では多数のクライアントから要求があるとサーバーの負荷が大きくなり，速度が低下するという問題があった。

　そこで，事前にスケールに応じた地図画像を複数の小さな画像ファイルに分割しておき，必要な範囲の画像ファイルを読み込んで表示するという方式がとられた。当初，各種Web地図サービスは独自の画像の分割方法を使っていたが，2005年に公開されたGoogleマップは，それ以前のWeb地図サービスとは一線を画す高速な表示と優れた操作性で，多くのユーザーを獲得した。2006年にはTMS（Tile Map Service）というGoogleマップと類似した画像分割の仕様が定められた。これらの結果，2000年代後半から世界中で，事前に作成された（プリレンダリングとよぶ）地図画像を所定の分割方法で小さな画像（以下，タイルとよぶ）に分割してサーバーに置いて表示する，Web地図サービスが提供されるようになった。この分割方法が多くの地図サービスで採用されて共通化したため，他のサービスのタイル画像も表示可能となって，Web地図サービスの利用範囲が拡大した。現在では，国土地理院の提供する「地理院タイル」やオープンストリートマップなどが，さまざまな地図サービスで利用されている。

　タイルに分割する際に使われる投影法はメルカトル図法である。メルカトル図法というと，大航海時代に等角航路を示すために使われたものの，高緯度ほど拡大して表示されるため，小縮尺の世界地図ではあまり使われなくなった。また，大縮尺の地図ではUTM（横メルカトル図法）が使われており，過去の投影法という印

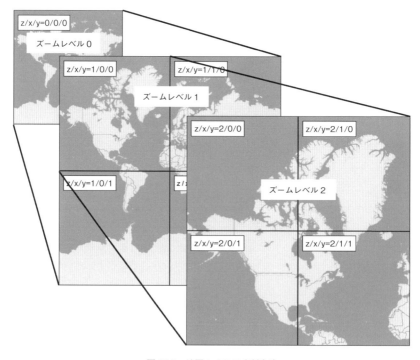

図26-2　地図タイルの分割方法

　象があった。しかしメルカトル図法には，拡大しても形状が正しく，世界地図から
一軒の家まで歪みなく拡大・縮小できる特性がある。地図タイルはその性質をうま
く利用している。図26-2は，タイルの分割方法を示したもので，世界全体を256 ×
256 ピクセルの画像にしたズームレベル0の状態から，4分割したズームレベル1，
さらに4分割したズームレベル2と詳細になっていく。東西・南北方向の位置は，
X，Yで示され，同じ位置の座標値はズームレベルが1上がると2倍となる。なお
この方法では南北約85°より高緯度は表示できない。地図学的には不完全に思われ
るが，無人の地域は需要がないというGoogleらしい判断によるものかもしれない。

4　実際の作業

　Windows版「今昔マップ2」では，独自の画像分割を採用したが，PCにインス

トール作業が必要で利用層の拡大に難があった。一方，Google Maps API のような TMS のタイルを表示できる Web 地図サービスライブラリが広まり，2000 年代終わりにはスマートフォン上での地図の閲覧が一般化した。そこで，2013 年に開発をはじめた「今昔マップ on the web」では，より多くの人に旧版地形図を閲覧してもらおうと，TMS 形式で地図画像を配信し，Web ブラウザで閲覧できるようにした。旧版地形図は，「今昔マップ 2」に収録してスキャン済みだった「首都圏編」など 8 地区分の画像データを使用した。

　地形図の図郭画像をズームレベルに応じた XY のタイルに分割する作業は，専用のソフトウェアを使用する。筆者は，「MapTiler 無料版」を利用して行なった。その際，ワールドファイル（画像ファイルの拡張子に "w" を付けたテキストファイルで，画像の位置情報を記録する）を設定しておく。一つの図郭のみをタイル化するのであれば簡単だが，複数の図郭を接合させる場合は，もう一手間必要となる。なぜなら，タイルの XY 座標は図郭の切れ目と一致しないため，隣接する図郭をタイル化すると，同一の座標のファイルが複数生成されてしまう。筆者は，同一の座標の複数のファイルを一つにまとめる作業のため，独自にプログラムを組んだが，使用するツールによっては最初から接合してタイルが生成されるかもしれない。

　ズームレベル 0 では，一つの画像ファイルに世界全体が入るが，ズームレベルが 1 上がるとファイル数は 4 倍になる。1/25,000 地形図の見やすいズームレベルは 16 程度であり，ズームレベル 16 を世界全体で覆うと 4^{16} と，およそ 43 億ものファイルとなる。今昔マップは日本の一部地域のみを収録しているだけだが，ズームレベル 8 ～ 16 を 9 時点分収録した「首都圏編」だけでもファイル数は 32 万 6 千に達する。ファイル数が多いと，アップロードやダウンロードに時間がかかり，サーバーの容量も圧迫するため，できるだけファイルサイズを小さくする必要がある。今昔マップでは，白黒画像の場合 4 ビット（16 段階）の png 形式に減色し，カラー画像は当初 8 ビット（256 段階）に設定したが，後に 4 ビットに減色してサーバーの使用容量を抑えた。

　こうして，地域，時期，ズームレベル，X 座標のフォルダに，Y 座標がファイル名となったタイル画像ファイルが配置される。この画像ファイル群をサーバーにディレクトリごとアップロードすれば，それだけで公開されたオープンデータとなり，外部の Web 地図サービスやアプリからアクセスしてもらうことも可能となる。今昔マップの場合は，

https://ktgis.net/kjmapw/kjtilemap/{データセットフォルダ}/{時期フォルダ}/{ズームレベル}/{x}/{y}.png

となる。なお，国土地理院の地形図を公開する場合，国土地理院に対して複製・使用承認申請を行う。現在では Web 上で申請できる。

5 タイルを表示するには

　タイルをサーバーにアップロードすれば，データとしては一区切りついたことになる。現在ではデータだけでも，国土地理院の「地理院地図」サイトなどで，タイルの URL 等の設定を入れれば表示できる。しかし，地図タイルデータの有効性を示すためにも，タイルを表示する Web サイトを作成しておきたい。2013 年頃は，地図タイルを表示するために Google Maps API を利用することが多く，今昔マップでも当初は同 API を利用して旧版地形図と Google マップを並べて表示していた。Google Maps API はストリートビューの表示もできて有用だったが，2018 年に無料利用の範囲が縮小されてしまった。そこで現在では，オープンソースの「Leaflet」という JavaScript 地図ライブラリを使用して表示している（図 26-3）。

図 26-3　「今昔マップ on the web」の現在の画面

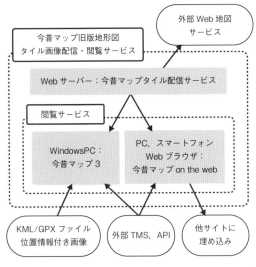

第1部

第2部

第3部

図 26-4　今昔マップ旧版地形図タイル画像配信・閲覧サービスのシステム構成（谷 2017）

　自作のタイルを表示する Web サイトを作成するには，ホームページ作成のための HTML に関する知識に加え，Leaflet を制御するためのプログラミング言語 JavaScript に関する知識が必要である。地理学のカリキュラムにおいて，プログラミングは含まれていないことが多いため，独学で習得することが基本である。幸い，地図タイルの表示についてはインターネット上に多くの情報が出ており，参考にしながら表示サイトをつくることができるだろう。

　筆者は，タイル配信サービスと同時に独自の「今昔マップ on the web」サイトを 2013 年 9 月に公開（https://ktgis.net/kjmapw/）したほか，Windows で閲覧する「今昔マップ 3」も 2015 年 10 月に開発し，あわせて「今昔マップ旧版地形図タイル画像配信・閲覧サービス」と名づけた（図 26-4）。

6　論文にするには

　卒業論文等でこのような GIS データやサービスの公開・提供を行う場合，データの作成だけでなく文章にまとめる必要がある。こうした研究は，一般的な地理学における調査・研究とは大きく異なるように思われるが，既存のデータやサービスを調べ，不十分であることを指摘し，作成するデータのサービスの学術的・社会的有

用性を主張するという点では，通常の論文作成の手順と変わらない。とくに使用する原資料の特性については，批判的な検討が必要である。また，加工の手順も，後から再現できるよう詳細に記述する。公開後時間が経過しているのであれば，利用状況などを客観的に示すとよい。GIS 学会の学会誌『GIS- 理論と応用』では，「データ論文」「ソフトウェア論文」というカテゴリーがあり，データやソフトウェアの有用度などで審査されるので，こうした学会誌に投稿することも可能である。

　データやサービスを公開し，論文を提出すれば，それで研究は完成となる。しかし，インターネット上で公開したデータや Web 地図サービスは，すぐ公開を停止してしまっては意義が失われる。また，公開を継続しても，メンテナンスを行わないとインターネットの潮流から取り残されてしまう。継続的に利用されるためには，機能の追加や SNS を通じた広報，質問への対応などが必要である。「今昔マップ on the web」の場合，テレビ，新聞，雑誌等から使用の許諾，取材の依頼などがあり，一般の方からのメール・電話での問い合わせもある。一般的な論文と違い，データの整備や Web 地図サービスの提供は，有用なサービスになるほど，長期的な提供方法を検討する必要がある。

■こんな文献もあります

浅見泰司・矢野桂司・貞広幸雄・湯田ミノリ編 2015.『地理情報科学——GIS スタンダード』古今書院.
石川和樹・中山大地 2017. 明治期東京におけるアドレスジオコーディングシステムの構築. 地理学評論 90：125-136.

【付　記】
本章の著者，谷謙二さんは 2022 年 8 月に逝去されました。「今昔マップ on the web」「今昔マップ 3」は，東京大学空間情報科学研究センターで引き続き公開される予定です。

27 地域事象の教材化と授業開発
地理教育研究への地理学からのアプローチ

【元になった論文】
鈴木 允 2020. 地理学習における地域の変容過程の教材化——学園都市「国立」の成立と発展についての授業実践を事例に. 歴史地理学 62(1)：1-18.

鈴木 允（横浜国立大学）

1 はじめに

　今，この本を手に取っている皆さんのなかには，地理教育に関心をもち，卒業論文や修士論文を地理教育のテーマで執筆したいと考えている人もいるに違いない。本章では，地理教育に関する拙稿を簡単に紹介したうえで，地理教育の研究を進める際の論点や対象についておもに検討してみたい。

　本章では，論文執筆の背景として筆者がもっていた問題意識を述べたうえで，地理教育研究の進め方，視点や対象について，いくつかの文献を元に広く紹介していくことにする。後述のように，地理教育研究では地域研究とは異なるアプローチが必要となること，地理教育研究と一言で言ってもさまざまであることを考慮したためである。

2 研究の問題意識

2-1 論文の骨子と問題意識

　本章で取り上げる論文は，2019年度の歴史地理学会の共同課題「歴史地理と地理教育」における報告を元にまとめたものである。2016年まで中学・高等学校の地理の教員であった筆者の授業実践を省察し，とくに歴史地理的な側面を意識した地域学習のあり方を検討した論文である。

　授業実践は，学校所在地である東京都国立市の地域学習に関するもので，明治期に発行された地形図の詳細な読図作業をベースに，地域の変容過程をとらえていくという内容である。授業実践の論文ではあるが，実践自体を分析的に評価すること

には重点を置いていない。それよりも，地域の事象を授業でどのように取り上げて
いくのか，教材化していくのかを考察した論文である。研究論文としての目的は，
「地域学習のなかで，とくに，過去の地域の様子や，現在に至る歴史的背景を重視し
た学習を行う意義について検討すること」であり，「その際，歴史地理学の方法論や
成果を地理学習に活用する可能性に論及すべく，おもに学習内容の設定とそれを具
体化する教材のあり方を中心に検討する」こととした。

　地理学習において歴史的背景を意識する必要性は以前から指摘されてきた。筆
者自身も，かねてより，地理学習のなかで時間軸を意識して地域をとらえる重要性
を感じていた。一方で，空間を扱う地理（学）と時間を扱う歴史（学）というよう
に，この両者をすみ分ける傾向もある。地理学習において歴史的背景を意識する意
義を全否定する人はいないであろうが，では，なぜ意識する必要があるのか，意識
すると何がよいのか，という話になると，さまざまな見解があろう。そのことにつ
いて，歴史地理学の立場から検討したのが本論文であり，換言すれば，そのことが
研究目的につながる問題意識である。

　なお，本論文の執筆に際しては，検討のプロセスを示すことをとくに重視した。
その理由として，①元となった学会報告の趣旨に応じて検討の視点を示すことを重
視したこと，②授業実践の内容の意義づけが目的ではあるが，実践を子どもの学習
成果から評価する手法はとらなかったこと（ゆえに，意義づけの視点を示すことし
かできなかったこと）が挙げられる。そのため，論文の結論が明確には示されてい
ない。あえて書き出すならば，①歴史地理学の手法としての景観の分析が地理学習
における地域理解に有効であること，②事例地域の国立市は地理学習の格好の教材
となりうること，③生徒にとって身近でない地域の学習を展開する意義と方法の吟
味が課題として認識されたこと，であろう。また，授業実践としては，地形図学習
の方法と意義に言及しているが，特段オリジナリティのある話はしていない。その
他，詳細は拙稿をご一読いただければ幸いである。

2-2　問題意識の背景にある問題意識

　実は，上述した問題意識の根底には，より大きな二つの問題意識がある。すなわ
ち，研究論文としてまとめられた部分の外側に，より大きな検討すべき課題がある
と筆者は考えている。それは，おもに次の2点である。

　一つは，そもそもなぜ地域学習は必要なのか，という問題意識である。地域学
習は小学校，中学校，高等学校のいずれの校種においても行うこととされている

が，実際には，フィールドに出る際の安全管理上の理由，時間の確保の困難，地域
教材開発の苦労など，さまざまな理由のために十分に実施されてこなかった現実が
ある。地理学を専攻した人であれば，フィールドに出ることでさまざまな学びが得
られることを疑う人はいないであろう。しかし，学校教育のなかで地域学習を行う
必要性や有効性については，必ずしも十分に認められてきたとはいえないのではな
いか（だからこそ，さまざまな理由によって，実施しないという判断に行き着きや
すい）。地域学習の意義については，これまでにもさまざまな議論が展開されてき
た。時代とともに変遷してきた面もある。「意義があるのか」という白か黒かの結
論を求める議論ではなく，なぜ意義があるのか，意義はこれまででどのような点に見
いだされてきたのか，今日的な意義はどのような点にあるのか，といった議論が必
要があると考えている。

　もう一つは，地理学が地理教育に対して，どのような貢献をしうるのか，という
問題意識である。櫻井明久氏が整理しているように，地理教育は地理学に関係が深
いが，「地理学」をやさしく教えることではない。簡単に言うなら，伝統的な地理学
の研究対象を学習内容とする教育であるともいえる（櫻井 2001）。地理学習で取り
上げるのによりふさわしい内容を，「地理的な見方・考え方」を働かせる技能も念頭
に置きながら地理学の立場から示していくことが，より魅力的な地理学習の実現に
つながると考えられる。その「ふさわしさ」や「魅力」を創出することこそが，地
理学が地理教育に貢献できる部分であると筆者は考えており，地理学・地理学習の
特性に応じた「素材の教材化」の方略の検討が必要であると考えている。

　研究の糸口をつかむときには，自分自身が「なぜ」「どのように」といった問い
（問題意識）をもつことが大切であるのはいうまでもない。ただし，研究論文として
一定のまとまりをもたせるためには，どのような根拠から，何を議論するのかとい
う基本的な道筋を立てることも必要である。また，そのためには自らの手に負える
程度の課題を設定することも必要であろう（筆者自身，上述の「より大きな二つの
問題意識」に対しては，満足な答えを出せるとは思えない）。かといって，あまり
にも小さな問い，発展性に乏しい問いでは，研究としての意義を見いだしにくいの
で，適切な問いの設定は重要である。

　そう考えると，研究を進めるうえでは，複合的・重層的に問いを意識し，自身の
研究の立ち位置を意識することが肝要である。この点は，地理学研究（というか研
究全般）にもいえることではある。ただ，目に見えない「教育」のあり方を議論す
ることになる地理教育研究では，具体的な事例に基づくことが多い地理学研究以上

に，立ち位置を意識する必要性が高いように思われる。

3 地理教育研究をどう進めるか

3-1 地理学研究と地理教育研究

地理学研究をしている人のなかには，地理教育の研究をするということについて，あまりイメージが湧かない人もいるかもしれない。地理学研究と地理教育研究は，関連する部分もあるが，基本的には別物と考えた方がよい。

「地に足がつく」という慣用句がある。地理学研究の特色の一つは，フィールドに出て，文字通り自分の足で稼いだ知見をベースにした議論を展開することであろう。目前に広がる，地域の自然や社会の現実のあり様を具体的にとらえ，なぜそこでその事象がみられるのかについての科学的な根拠を求めていく，そうした地に足がついた議論こそが，地理学の醍醐味であろう。本書の各章の執筆者は，それぞれに自身の研究論文を紹介しながら，地域研究の方法や醍醐味を語ってくれているはずである。

一方，地理教育研究の研究対象は，「教育」である。地域のなかにみられる具体的な「何か」ではなく，教育という営みのなかにみられる「何か」について研究することになる。よりよい教育を目指すための研究，という大義が前提となるため，地理学研究と比べると実学的，応用的な目的意識が強くなりやすい。また，当然のことながら，地理学研究とは異なるアプローチが必要になる。地理学と比較すると対象が抽象的である分，「地に足がついた」研究が難しいという印象もあるかもしれない。

地理教育研究と一言で言ってもさまざまな研究アプローチがありうる。本章で取り上げた論文はあくまでも一事例であり，研究の目的や方法，対象は多岐に及ぶ。研究である以上，何かしらの問題意識に対して，根拠を示したうえで議論を進めていくことは，当然必要である。そこで，以下では，地理教育研究を進めるうえでの方略について，社会科教育に関するいくつかの文献を引用しながら確認していきたい。

3-2 地理教育研究がめざすもの

まず，地理教育研究の意義や目的に関する一般論を整理しておくことにしよう。ここで引用するのは，草原和博氏が整理した社会科教育研究の3種類の方法類型（草原 2015）である。

> A　規範的・原理的研究
> …より望ましい社会科とは何か。なぜそれは望ましいのか。
> B　開発的・実践的研究
> …より望ましい社会科を実現するには，どうしたらいいか。なぜそうするといいか。
> C　実証的・経験的研究
> …社会科は，現にどういう環境で，どのように教えられ・学ばれている（きた）か。それはなぜか。
> 分類上はAにのみ「規範的」の冠をつけているが，実質的にはAもBも規範的な性格を帯びている。いずれも，ある「べき」社会科像を追求している点では共通するが，Aは一般的理念・目的の，Bは具体的な計画・方策の提案を求めている点でベクトルを異にする。一方Cは，「べき」論とは幾分距離を置こうとする。社会科を取り巻く事実を虚心坦懐につかみ，叙述し，批判していくことに関心を寄せる。（草原 2015：29-30）

　この引用は「社会科」の研究を念頭に置いた記述であるが，もちろん，教科目（もしくは社会科を構成する一分野）としての「地理」と置き換えても成立する記述である。

　ここで述べられているのは，社会科教育研究・地理教育研究が根底に置くべき問題意識とも言え，研究として最終的には何を目指すべきなのか，その指針が示されている。A〜Cは類型化のために区別されてはいるが，実際には完全に独立するものではなく，どれか一つを中心に据えつつ複合的に意識されることが多いように思われる。上記のA〜Cを念頭に，ここでは，より望ましい地理教育のあり方と，その実現に向けた方略を，これまでの経緯や現状を批判的にとらえながら考察していくのが，地理教育研究の大義だと位置づけておきたい。

　このように考えたとき，次のような立論上の困難も想定される。たとえば，何をもってより「望ましい」とするのかはさまざまな考え方があるだろう。論者の価値観にも左右されるであろうし，誰にとって「望ましい」のかも考慮する必要がある。すなわち「望ましさ」の普遍性の問題である。また，「望ましさ」の根拠をどんな材料から見いだすのかや，どうすれば実現できるのかについての実証性の担保も気がかりである。現場で活躍している教員による授業実践の研究は数多く出されているが，実践を分析し，客観的に評価して一定の知見を見いだすことは意外と難し

い（そもそもそれ以前に，教員ではない学生が実践研究を行うこと自体，考えにくい。現場の教員が協力者となる研究の可能性はあるけれども）。そんなわけで，普遍性や実証性を重視する傾向が強い地理学の立場からみると，地理教育の研究は，目に見えない，抽象的な「教育」を対象とするゆえの困難が際立ってみえるかもしれない。しかし，繰り返しになるが，何らかの根拠を拠り所にして議論を展開していくことは，研究として当然必要である。その根拠を何に求めていくかによって，多様な研究が想定できる。

3-3　地理教育研究の対象

　では，実際の立論の根拠にもなる，地理教育の研究対象としての事象は，どのようなことが想定できるであろうか。それに答えるべく次に紹介したいのが，片上宗二氏が整理した，社会科教育に関する方法学的研究の内容分類である（片上2014）。ここでは，その項目を引用することで，どのような内容が研究対象となるのかを示してみたい。

第1節　授業構成の方法に関する研究
1　理論とは異なる問題解決や問題構成を方法原理とする授業構成の方法
2　説明を方法原理とする授業構成の方法
3　意思決定，社会形成，議論，社会参加を方法原理とする授業構成の方法
第2節　社会科のカリキュラム・教育内容・教材開発研究
1　教育科学研究会社会科部会による社会科全体カリキュラムの提起
2　教育内容および教材の開発研究
3　授業開発の前提としての発問研究
4　そのほかの授業技術に関する原理的・実践的研究
5　授業分析研究
6　欧米のカリキュラム・教育内容および教育方法の比較教育学的研究
7　授業評価研究
8　社会（系教科）科教育の歴史的研究
9　子どもの社会的意識や見方・考え方の実証的研究
第3節　社会科に関する二大全国学会の新しい取り組み
1　全国社会科教育学会によるすぐれた社会科授業スタンダード研究
2　日本社会科教育学会による研究者と実践家の共同作業の成果の提案

　この引用も，社会科教育研究に関するものではあるが，地理教育研究のものとしても理解できる。大きくみて，望ましい授業をどのように実現するかという問題意識のもと，授業方法や教育内容が研究対象とされ，それらをどのように分析・評価するのかがさまざまに問われている（その分析・評価の視点，方法自体も研究対象である）。

　地理学研究から地理教育研究に接近する視点の一つとして，地理学研究の成果を教育内容や授業方法にどのように反映させられるか，という研究課題が考えられる。これは，上記の項目のなかでは，おもに「第2節　社会科のカリキュラム・教育内容・教材開発研究」のなかの「2　教育内容および教材の開発研究」に該当する。そこから，教育内容の構成や授業方法などにも視野を広げればカリキュラム研究にも発展するし，これまでの地理教育のあり方に目を向ければ歴史的研究にも発展するであろう。

　教育内容と教材の関係性について，二杉孝司氏の整理（二杉 2014）を元に言及しておきたい。「教材」概念は，1960 年代以降，「教科内容（または教育内容）」と「（内容を習得させるうえで必要とされる材料としての）教材」に区別してとらえられてきた。この視点は，教科内容＝授業の目的，教材＝手段，という関係でとらえる見方とも言える。ここで言う「教材」は，授業の目的としたい教科・教育内容に学習者を結びつける役割を果たす素材で，ツールとしての「教具」とは異なるものである。教育内容は，「教材」を通した学習の結果学ばれる内容ということになる。

　教科内容や教材開発にかかる研究では，素材自体のもつ意味を考察し，「地理的な見方・考え方」を促す教材として，どのように位置づけるかが問われることになる。その際には，地理学の研究成果を援用していく必要性が大いに認められる。

　このほか，「9　子どもの社会的意識や見方・考え方の実証的研究」については，生活者としての子どもの知覚環境などに着目する「子どもの地理学」の研究が蓄積されている。学習者の視点から地理教育のあり方を考えるうえで，貴重な知見を与えてくれていることを付言しておきたい。

4　おわりに

　2018 年告示の高等学校学習指導要領で，地理の必履修科目である「地理総合」が設置された。「地理総合」は主題に関わる地理的な課題の解決を重視する科目であり，応用的な主題についての考察を進めるなかで，地理的な認識が深められたり，

「地理的な見方・考え方」を考察に生かせるようになったりすることが求められている。このことは，地理教育を進めるうえでの地理学的素養の重要性が，従前より増していることを意味する。本章では地理教育研究の進め方について述べてきたが，望ましい地理教育のあり方を考察していく際には，地理学的な考察のスキルも同時に求められる。本書は地理学的な地域研究について書かれたものであるが，その内容は地理教育の充実にもつながるものであり，地理教育研究を行ううえでも有効な視点を与えてくれるであろう。

　また，学習指導要領解説によると，「地理総合」の改善・充実の要点の項目として，「持続可能な地域づくりのための地域調査と地域展望」が挙げられており，学習内容の最終項目として「持続可能な地域づくりと私たち」のなかに「生活圏の調査と地域の展望」が入っている。地理教育のなかで地域学習が重要な位置づけであることが，あらためて示された形である。地域調査の進め方や面白さについては，本書の各章でさまざまに語られている。それを地理教育の充実にどうつなげるか，地理学研究の立場からもさまざまに検討が進められることを望みたい。

■引用文献
片上宗二 2014. 社会科学と教育：社会科. 日本教育方法学会編『教育方法学研究ハンドブック』258–263. 学文社.
草原和博 2015. 論文の方法論——研究論文の作り方・書き方の三類型. 草原和博・溝口和宏・桑原敏典編著『社会科教育学研究法ハンドブック』25–35. 明治図書.
櫻井明久 2001. 地理教育. 日本大百科全書（ニッポニカ）オンライン版. https://japanknowledge.com/lib/display/?lid=1001000152756（2020年3月31日閲覧）
二杉孝司 2014. 教材と教具. 日本教育方法学会編『教育方法学研究ハンドブック』146–149. 学文社.

■こんな文献もあります
菊地俊夫編著 2021. 『地の理の学び方——地域のさまざまな見方・考え方』二宮書店.
中村和郎・谷内　達・犬井　正・高橋伸夫編 2009. 『地理教育の目的と役割（地理教育講座第Ⅰ巻）』古今書院.
中村和郎・谷内　達・犬井　正・高橋伸夫編 2009. 『地理教育の方法（地理教育講座第Ⅱ巻）』古今書院.
中村和郎・谷内　達・犬井　正・高橋伸夫編 2009. 『地理教育と地図・地誌（地理教育講座第Ⅲ巻）』古今書院.
中村和郎・谷内　達・犬井　正・高橋伸夫編 2009. 『地理教育と系統地理（地理教育講座第Ⅳ巻）』古今書院.

事項索引

人名索引

執筆者紹介（執筆順）*は編者，**は監修

阿部康久*（アベ ヤスヒサ）
九州大学准教授
担当：9章・11章・12章

前田洋介（マエダ ヨウスケ）
新潟大学准教授
担当：8章

森田匡俊（モリタ マサトシ）
岐阜聖徳学園大学准教授
担当：20章

廣内大助（ヒロウチ ダイスケ）
信州大学教授
担当：1章

立見淳哉（タテミ ジュンヤ）
大阪市立大学教授
担当：10章

髙井寿文（タカイ トシブミ）
早稲田大学本庄高等学院教諭
担当：21章

富田啓介（トミタ ケイスケ）
愛知学院大学准教授
担当：2章

土屋 純*（ツチヤ ジュン）
関西大学教授
担当：14章

片岡博美（カタオカ ヒロミ）
近畿大学教授
担当：22章

阿部亮吾（アベ リョウゴ）
愛知教育大学准教授
担当：3章

杉江あい（スギエ アイ）
京都大学講師
担当：15章

杉山和明（スギヤマ カズアキ）
流通経済大学教授
担当：23章

石川菜央（イシカワ ナヲ）
東洋大学准教授
担当：4章

齊藤由香（サイトウ ユカ）
金城学院大学教授
担当：16章・コラム

伊藤健司（イトウ ケンジ）
名城大学教授
担当：24章

服部亜由未（ハットリ アユミ）
愛知県立大学准教授
担当：5章

池口明子（イケグチ アキコ）
横浜国立大学准教授
担当：17章

谷 謙二（タニ ケンジ）
元 埼玉大学教授
担当：26章

山元貴継*（ヤマモト タカツグ）
琉球大学准教授
担当：6章・13章・25章

伊賀聖屋（イガ マサヤ）
名古屋大学准教授
担当：18章

鈴木 允（スズキ マコト）
横浜国立大学准教授
担当：27章

稲垣 稜（イナガキ リョウ）
奈良大学教授
担当：7章

大平明夫（オオヒラ アキオ）
宮崎大学教授
担当：19章

岡本耕平**（オカモト コウヘイ）
愛知大学教授

論文から学ぶ地域調査

地域について卒論・レポートを書く人のためのガイドブック

2022 年 3 月 31 日　　初版第 1 刷発行
2023 年 4 月 30 日　　初版第 2 刷発行

監　修　　岡本耕平
編　者　　阿部康久・土屋　純・山元貴継
発行者　　中西　良
発行所　　株式会社ナカニシヤ出版
　　　　　〒606-8161　京都市左京区一乗寺木ノ本町 15 番地
　　　　　　　　　　Telephone　075-723-0111
　　　　　　　　　　Facsimile　075-723-0095
　　　　　Website　http://www.nakanishiya.co.jp/
　　　　　Email　　iihon-ippai@nakanishiya.co.jp
　　　　　　　　　　郵便振替　01030-0-13128

印刷・製本＝ファインワークス／装幀＝白沢　正
Copyright © 2022 by Y. Abe, J. Tsuchiya, T. Yamamoto, & K. Okamoto
Printed in Japan.
ISBN978-4-7795-1620-7